초등학교 선생님이 함께 모여 쓴
한국사 이야기 2

초판 1쇄 발행 2003년 7월 1일
개정 3판18쇄 발행 2024년 9월 10일

글쓴이 | 초등역사교사모임
그린이 | 이육남 · 이현진
펴낸이 | 우종갑
펴낸곳 | 늘푸른아이들
주소 | 서울시 도봉구 도봉로 137길 55, 202호(쌍문동 한신스마트빌)
전화 | 02-922-3133
팩스 | 02- 6016-9815
홈페이지 | www.greenibook.com
출판등록 | 2002년 9월 5일 제16-2840호

ISBN 978-89-90406-80-4 74910
　　　978-89-90406-91-0(세트)

잘못된 책은 바꾸어 드립니다.
이 책에 실린 내용과 사진을 무단전재와 복제를 금합니다.

KC 제품명: 한국사 이야기 2 | 제조자명: 늘푸른아이들 | 제조국명: 대한민국
　　　전화번호: 02-922-3133 | 주소: 서울특별시 도봉구 도봉로 137길 55, 202호
　　　제조년월: 2024년 9월 | 사용 연령: 10세 이상
＊KC마크는 이 제품이 공통안전기준에 적합하였음을 의미합니다.

초등학교 선생님이 함께 모여 쓴

한국사 이야기

초등역사교사모임 지음
이육남 · 이현진 그림

2 고려초기에서 조선후기까지

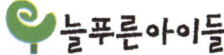

초등학교 선생님이 함께 모여 쓴 **한국사 이야기 2** - 머리말

우리가 역사를 배워야 하는 3가지 이유

 첫째, 역사는 세계를 이끄는 지혜다.

세계를 움직이는 나라에서는 어린이들에게 제일 먼저 그 나라 역사를 가르친다고 합니다. 그것은 단순히 역사가 재미있는 읽을 거리이기 때문이 아닙니다. 역사는 읽는 순간부터 상상력을 자극하여 감성을 풍부하게 만들고, 역사적 사건에 대한 옳고 그름을 판단하게 하여 논리력을 길러 주고 추리력을 증진시켜 주기 때문입니다. 그런 이유로 '역사는 미래의 등불'이라는 말도 있습니다. 어린 나이부터 역사책을 읽으면 상상력과 판단력, 추리력이 풍부해져 세계 문화를 선도하고, 앞서 나가는 인재로 자라기 때문입니다. 우리나라의 미래가 밝은 것은, 바로 우리가 그 어느 나라보다 긴 5천 년의 역사를 가졌기 때문입니다.

 둘째, 역사로 논리력을 키운다.

역사는 논리력을 키우는 가장 좋은 지식입니다. 세상의 어떤 일이든 그 일이 일어난 데는 이유가 있고, 순서가 있습니다. 논술이란, 바로 그러한 '이유'와 '순서'에 따라 글을 쓰는 것이지요. 그래서 역사를 읽는 것만으로도 자연스럽게 논술 공부가 됩니다. 어떤 공부든 억지로 하는 것보다 자연스럽게 하는 것이 더 빨리 익혀지지요. 이것이 역사를 공부해야 하는 또 하나의 이유입니다. 역사를 읽고 스스로 원인을 파악하고, 판단을 내려 보고, 미래를 예측해 보는 과정에서 우리는 우리도 알지 못하는 사이에 논리력이 자라고 있음을 발견하게 됩니다.

 **셋째, 역사는 나를 지키는 힘이다.**

각종 미디어와 기술의 발달로 우리는 넘치는 정보의 홍수 속에서 살고 있습니다. 그러나 흡수할 수 있는 정보량이 늘어난 만큼 잘못된 정보도 여과 없이 흡수되기도 합니다. 우리가 역사를 배워야 하는 마지막 이유는 바로 우리의 뿌리를 지키기 위해서입니다. 현재 일본의 왜곡된 역사 교과서, 중국의 고구려사 왜곡 등은 우리가 우리의 역사를 제대로 알고 논쟁을 벌여야 할 것들입니다. 만약 그대로 그들의 억지 주장을 묵인한다면 세계는 잘못된 역사를 사실로 인정하며 우리의 반만년 역사를 중국 또는 일본의 것으로 치부할 것입니다. 어느 날 갑자기 잘못된 역사에 의해 내가 중국인이, 일본인이 될 수도 있다는 것이지요. 역사는 바로 나의 정체성을 찾아 주는 힘입니다.

초등역사교사모임

* 이 책에 필요한 사진을 제공해 주신 사진동호회 Canon Sarang(캐논 사랑), 300d club(삼백디 클럽)의 전국 회원 여러분께 감사의 말씀을 전합니다.

초등학교 선생님이 함께 모여 쓴 **한국사 이야기 2** – 차례

고려를 새로운 나라로 만들어라 • 018

저기요, 선생님! 이런 게 궁금해요. • 024
경종의 복수법
고려의 왕씨는 모두 왕건의 후손인가요?
'고려장'은 왜 생겼나요?

요나라의 침략과 위대한 승리 • 026

여진을 몰아내고 옛 고구려의 땅을 되찾아라 • 040

저기요, 선생님! 이런 게 궁금해요. • 046
고려 시대에 절은 어떤 역할을 했나요?
고려 시대의 불교

귀족 사회의 동요와 묘청의 서경 천도 • 048

무신 정권 시대 • 056

저기요, 선생님! 이런 게 궁금해요. • 064
노비 만적의 난
세계 최초의 금속 활자

꼬리에 꼬리를 무는 몽골과의 전쟁 • 066

삼별초의 항쟁 • 078

저기요, 선생님! 이런 게 궁금해요. • 088
일부다처제가 시작되다.
고려 시대에도 국제 결혼이 있었나요?
고려의 몽골 스타일

공민왕, 고려의 부활을 꿈꾸다 • 090

저기요, 선생님! 이런 게 궁금해요. • 098
고려를 빛낸 사람들

선생님과 역사 읽기 – 고려의 2대 보물, 팔만대장경과 고려청자 • 100

이성계의 조선 세우기 3단계 작전 • 104

선생님과 역사 읽기 – 조선의 도읍 한양을 찾아서, 궁궐을 찾아서 • 116

세종대왕의 훈민정음 만들기 4단계 작전 • 122

저기요, 선생님! 이런 게 궁금해요. • 130
세계가 인정한 한글
'훈민정음'에서 '한글'이 되기까지
세종대왕은 언어학자인가, 과학자인가, 음악가인가?
장영실이 남긴 세 가지 과학 문화유산

선생님과 역사 읽기 – 옛날 사람들의 공부법 • 136

어린 임금 단종의 수난과 사육신 · 144

저기요, 선생님! 이런 게 궁금해요. · 152
조선을 이끌어 나간 성리학
〈경국대전〉, 조선의 법률을 완성한 성종

조선을 다 바꿔야 한다 · 154

선생님과 역사 읽기 – 조선 시대의 교통과 통신 · 162

나라의 혼란과 임꺽정 · 168

저기요, 선생님! 이런 게 궁금해요. · 176
명종 시대의 천재 학자

당파 싸움 이야기 · 178

저기요, 선생님! 이런 게 궁금해요. · 186
조선을 피로 물들인 4대 사화

뛰어난 전략과 지혜로 왜구를 물리친 이순신 · 190

저기요, 선생님! 이런 게 궁금해요. · 200
후추 때문에 임진왜란이 일어났다고요?
이순신 장군의 승리 비결은?

권율의 행주 대첩과 홍의장군 곽재우 · 204

저기요, 선생님! 이런 게 궁금해요. · 212
의병들의 활약
임진왜란 그 후…
일본과 조선의 관계

청나라에 무릎을 꿇은 인조, 복수를 새긴 효종 · 216

저기요, 선생님! 이런 게 궁금해요. · 224
조선 시대 베스트셀러 하나, 〈조선 왕조 실록〉
조선 시대 베스트셀러 둘, 〈동의보감〉

탕평책과 영조, 정조 · 226

저기요, 선생님! 이런 게 궁금해요. · 236
조선의 새로운 바람, 실학
죽은 아버지께 효도하는 정조
정조가 화성을 쌓은 진짜 이유
화성과 수원성의 차이
화성을 쌓기 위해 개발한 거중기

천주교 박해의 비밀 · 242

저기요, 선생님! 이런 게 궁금해요. · 248
최초의 한국인 신부는 누구인가요?
천진암은 무엇을 하던 곳이었나요?
머리가 잘린 산, 절두산

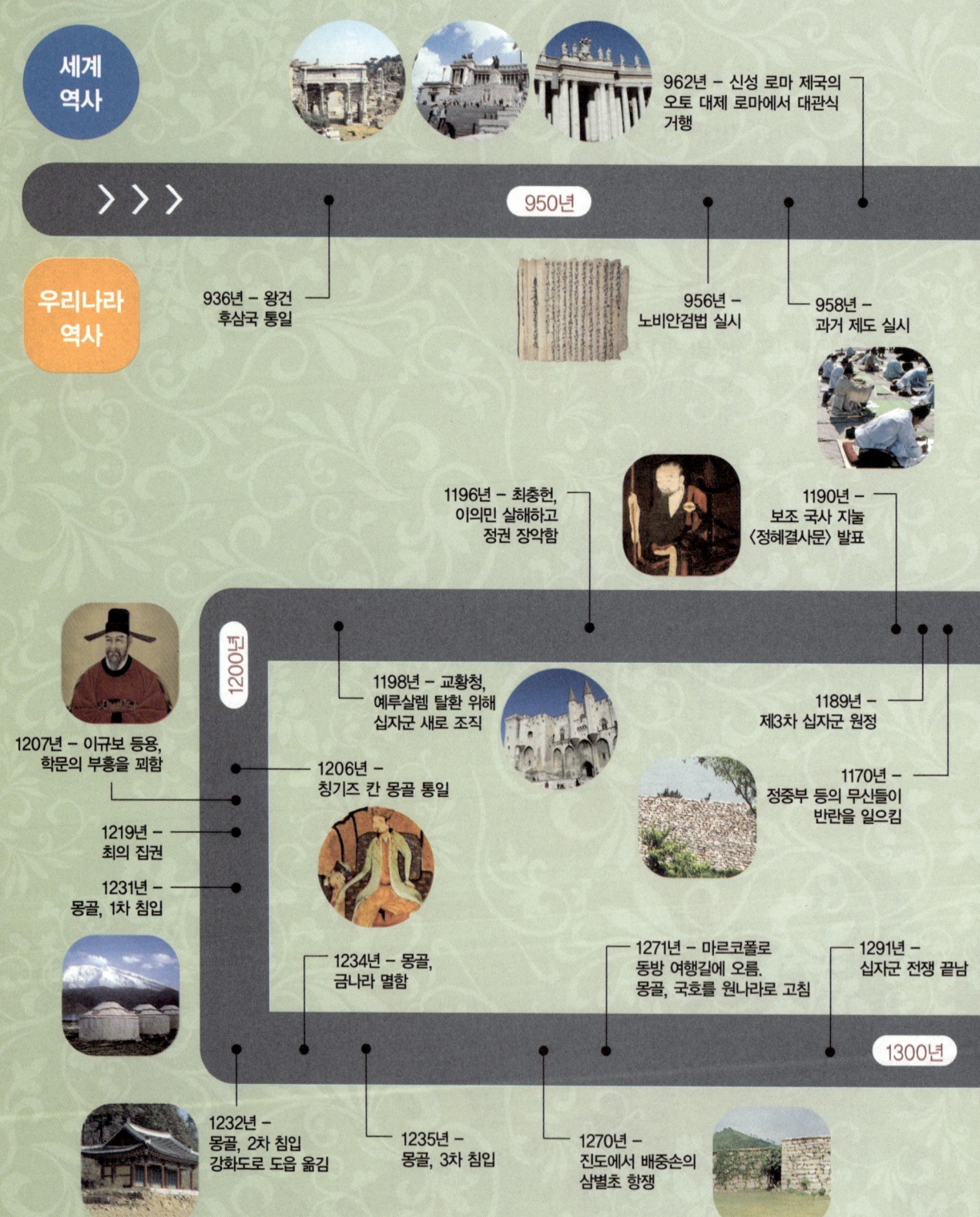

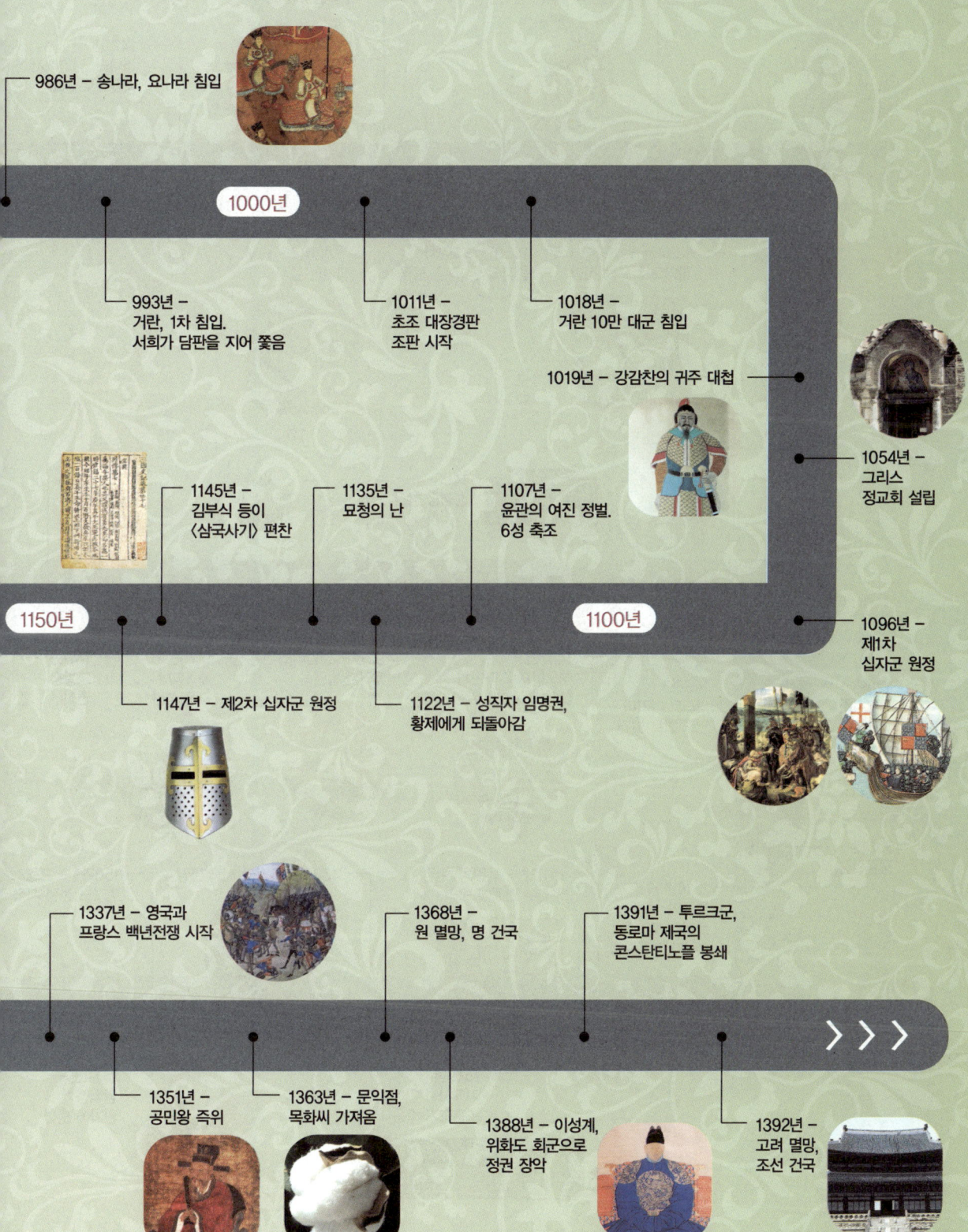

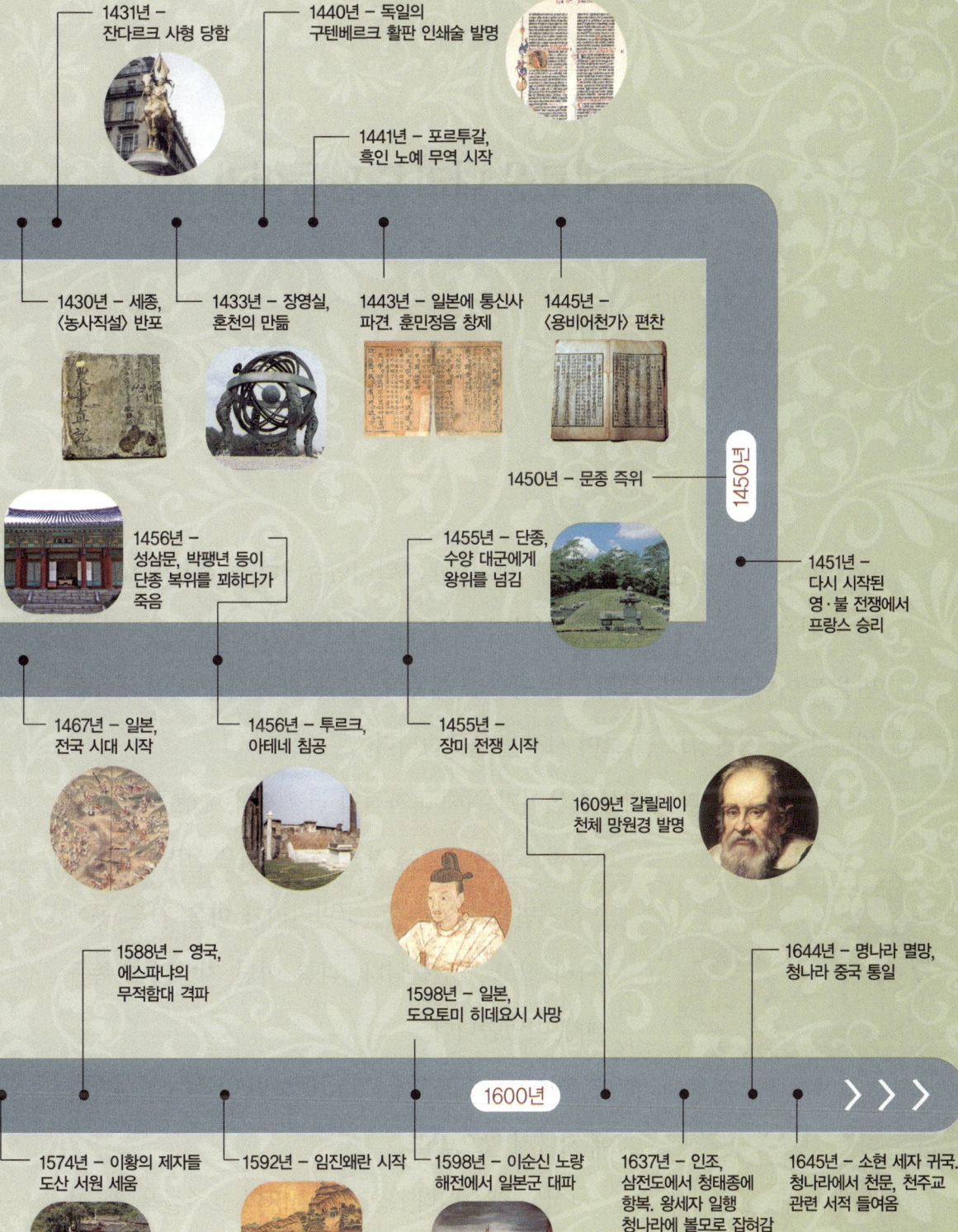

고려를 새로운 나라로 만들어라

광종은 왕위에 오르자 호족들의 세력을 누르고, 왕권을 강화하기 위해 노비안검법과 과거 제도를 시행합니다. 광종의 이러한 노력은 나라의 안정과 백성들의 평화를 가져 오는 계기가 됩니다.

고려의 네 번째 임금 광종은 매우 치밀한 사람이었습니다. 호족들이 나랏일을 좌지우지하던 때라 광종은 섣불리 정치에 나서지 않고, 자신의 정치적 기반을 닦아나갔습니다. 특히 그는 당나라 태종이 신하들과 토론을 벌인 내용을 기록한 책 '정관정요'를 보며 시간을 보냈습니다.

다만 광종은 나라의 위상을 높이기 위해 독자적인 연호(광덕, 光德)를 선포하고 한편으로는 불교를 장려하며 민심을 살폈습니다.

하지만 그에게는 큰 고민거리가 마음 깊은 곳에 자리 잡고 있었습니다. 다름 아닌 지방의 호족들 때문이었습니다.

'아아, 호족의 힘을 꺾지 못하면 임금은 허수아비에 지나지 않으리라.'

사실 그랬습니다. 왕건은 지방의 호족들을 제 편

으로 끌어들이기 위해서 여러 호족의 딸들과 혼인을 했습니다. 그래서 아내가 무려 29명이었습니다.

그 때문에 딸을 왕건에게 시집 보낸 호족들은 너도나도 허세를 부렸습니다. 어떤 경우에는 세력을 과시하며 서슴없이 반역의 음모를 꾸미기도 했습니다.

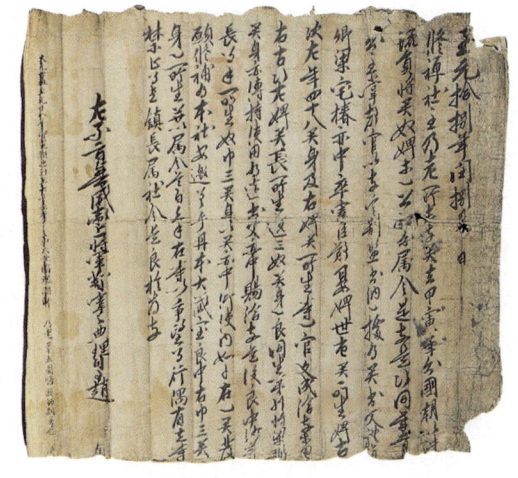

○ 송광사에 남아 있는 노비 문서

광종은 무엇보다 이런 호족들을 물리치는 것이 가장 우선시 돼야 할 일이라고 생각했습니다.

그런 고민을 하고 있던 어느 날이었습니다. 광종은 후주(後周)에서 온 사신 한 사람을 만났습니다. 그는 쌍기란 이름의 학자였습니다. 쌍기와 이런 저런 이야기를 나누던 광종은 문득 쌍기에게 이렇게 말했습니다.

"후주의 사신 쌍기는 들으시오. 학식이 높은 그대를 내 곁에 두고 싶소. 나를 도와주시겠소?"

"하오나 폐하, 소신은 후주의 신하이옵니다. 제가 어찌 고려의 일을 할 수 있다 하십니까?"

쌍기가 자신의 처지를 이야기하며 정중히 사양했지만, 광종은 고개를 저었습니다.

> ✅ **노비환천법**
> 성종 때 노비안검법과 반대되는 노비환천법이 생기게 됩니다. 노비환천법은 노비안검법으로 양민이 되었더라도 옛 주인과 그 친척에 맞서는 자는 다시 노비가 되어야 하는 제도였지요.

"이보시오, 쌍기. 부디 내 청을 거절하지 마시오. 지금 우리나라는 호족들이 저마다 힘을 쓰고 있어 왕권마저 불안한 지경이오. 그대가 좋은 방법을 생각해 내어 우리 고려를 도와주길 바라오."

광종의 말을 듣고 한참을 생각하던 쌍기는 천천히 고개를 끄덕였습니다. 이후 두 사람은 수시로 만나 나랏일을 의논했습니다.

이윽고 왕위에 오른 지 7년째 되던 956년, 광종은 신하들을 불러 놓고 말했습니다.

"호족들은 노비들을 풀어 주도록 하라. 특히 원래 노비가 아니었으나, 전쟁 중에 포로로 잡혀 노비로 살고 있는 자들은 즉시 풀어 주어 양인이 되도록 하라."

이른바 '노비안검법'을 실시한 것입니다. 실제로 이 당시 호족들은 전쟁 때 공을 세우거나 혹은 나라를 세우는데 보탬이 된 대가로 많은 노비를 하사받아 거느리고 있었습니다. 그들 중 상당수가 전쟁 포로이거나 극빈자 혹은 빚을 진 사람들이었습니다. 호족들은 이들을 농사에 부리거나, 때로는 훈련을 시켜 사병(私兵)으로 거느리기도 했습니다. 그 때문에 이런 상황은 왕실과 조정에 큰 위협이 되었지요.

즉 광종이 노비안검법을 실시하려 했던 것은 호족들의 힘을 약화시키려는 것이었습니다. 이를테면 호족들에게서 노비를 풀어 주라는 것은 그들의 군사 수를 줄이는 것과 같기 때문입니다. 호족들이 가만히 있을 리 없었습니다.

"폐하, 노비는 전쟁에서 이겼기 때문에 얻은 것이고, 개인의 재산이옵니다."

그러나 광종은 눈 하나 깜짝하지 않았습니다.

결국 호족들은 노비를 빼앗겼고, 노비에서 양인이 된 사람들이 많아짐에 따라 나라의 살림이 늘어나기 시작했습니다. 왜냐하면 나라에서는 양인들에게서만 세금을 거두어들였는데, 양인이 많아졌으니 당연히 국가에 들어오는 세금도 많아진 것입니다.

호족들에 대한 광종의 공격은 여기서 그치지 않았습니다.

"이제부터 나라의 중요한 일을 맡을 인재는 과거를 실시해서 뽑겠노라. 앞으로는 그 누구라도 과거를 통해 벼슬을 할 수 있으며, 아무리 대단한 호족이라도 과거를 통하지 않고는 큰 벼슬을 내리지 않겠노라."

호족들은 다시 한 번 펄쩍 뛰었습니다.

"폐하, 인재란 모름지기 좋은 가문에서 나는 법인데 어찌

✅ **쌍기**

중국 후주에서 사신 설문우를 따라 고려에 왔다가 고려 백성이 되었습니다. 당나라 관리 임용 제도를 본 따 우리나라 과거 제도를 만들었으며 고려 시대의 과거 시험관인 지공거에 임용됩니다.

✅ **고려 사람이 된 외국인**

과거 제도 이후, 광종은 쌍기의 건의를 들어 여러 명의 중국인들을 중요한 벼슬에 올렸습니다. 쌍기는 자신의 아버지 쌍철을 '좌승'이라는 높은 벼슬에 올렸으며, 이때 많은 중국인들이 고려 사람이 되기를 원했습니다.

✅ **광종의 눈치 외교**

광종은 중국의 정세에 발빠르게 대처했어요. 광종이 사용한 연호를 보면 쉽게 알 수 있지요. 즉위 초(950년)에는 독자적인 연호(광덕)를 사용하다가, 후주가 나라를 크게 일으키자 이번에는 후주의 연호를 가져다 썼고(951년), 또다시 후주가 송나라와 다투며 저물기 시작하자 다시 한 번 준풍(峻豊)이라는 독자적인 연호를 사용했어요(960년). 하지만 송나라가 마침내 중국 땅의 주인이 되자 이번에는 송나라의 연호를 사용하지요(963년).

하여 인재를 글 몇 줄로 뽑는다 하십니까?"

호족들은 이런 엉뚱한 구실을 붙여 과거 제도를 반대했습니다. 왜냐하면 과거를 통해서 인재를 뽑을 경우 그때까지 호족 자신들이 독차지하고 있던 높은 벼슬을 과거를 통해 선발된 다른 사람에게 넘겨 주어야 하기 때문입니다.

말하자면 노비안검법은 호족들로부터 군사적 기반을 빼앗는 것이었고, 과거 제도는 호족들로부터 정치적 기반을 빼앗는 것이었습니다.

광종은 이번에도 호족들의 반발에 코웃음을 쳤습니다. 마침내 958년, 광종은 우리나라 역사상 최초로 과거 시험을 치르게 했습니다.

광종은 오로지 호족들의 힘을 약하게 하고, 왕권을 강화하는 것만이 이 나라가 살 길이라고 생각했던 것입니다.

광종은 나라를 지키는 일도 게을리하지 않았습니다. 동북계(지금의 함경남도)와 서북계(지금의 평안남도)에 많은 성을 쌓았습니다. 광종의 이러한 노력으로 고려는 조금씩 안정을 찾기 시작했습니다.

과거 제도의 역사

고려 시대의 과거 제도

광종은 강력한 왕권을 중심으로 하는 중앙집권제를 추구하고자 958년 인재 선발 제도인 과거 제도를 실시합니다.

○ 고려 시대 과거 합격증(고려 희종)

고려 시대 초기에 과거는 중앙 귀족 자제들과 지방 호족 자제들에게만 응시 자격이 주어졌지만 점차 자리를 잡아가면서 하층 향리나 일반 양인들도 응시할 수 있게 되었습니다. 하지만 현실적으로 오랫동안 과거 준비에만 전념하는 것은 경제적 여유가 없는 가난한 양인들에게 어려운 일이었어요.

고려 시대의 과거는 양인 이상만 응시할 수 있었고, 천민은 과거를 볼 수 없었습니다.

과거는 시험에 따라서 제술과, 명경과, 잡과로 나누어졌지요. 제술과는 문학과 관련이 있었고, 명경과는 유교 경전과 관련이 있었고, 잡과는 의학·지리·천문·음악 등이 포함된 시험이었어요. 시험은 성종 때는 3년에 한 번, 현종 때는 2년에 한 번이 있었고요. 현종 이후로는 매년 한 번씩 시험이 있었어요. 시험을 감독하는 사람을 가리켜서 '지공거'라고 불렀지요. (☞ 조선 시대의 과거 제도 138쪽)

○ 과거 시험을 보는 선비들 모습 재현

고려를 새로운 나라로 만들어라

경종의 복수법

고려 시대 다섯 번째 임금은 경종이에요.
새롭게 왕이 된 경종이 가장 먼저 시행한 것은 호족들의 힘을 하나로 모으는 일이었어요. 아버지 광종이 호족들을 귀향 보내거나 그들의 힘을 빼앗는 정책을 펼친 것과는 대조적이었지요. 경종은 호족들의 호응을 얻어 내기 위해 귀양 간 호족들을 풀어 주고, 다시 벼슬에 올리는 등의 우호적인 정책을 펼쳤어요.
그중 왕선이라는 호족은 새롭게 집정(지금의 국무총리 정도)에 임명되자 왕에게 한 가지 건의를 했어요. 광종의 개혁으로 많은 사람들이 억울한 처지에 놓였다는 거지요. 옥에 갇히기도 했고, 노비들의 거짓 상소로 죽은 사람들도 생겼다는 거예요. 이런 억울함을 풀 수 있도록 복수를 허용해 달라고 했어요.
경종은 호족들을 무시할 수가 없었어요. 왕선이 강력하게 한 건의를 함부로 거절할 수 없었지요. 곰곰이 생각한 끝에 경종은 왕선의 제의를 받아들이기로 했어요. 호족의 기분을 상하게 했다가 자신이 위험할지도 모르니까요.
"좋소! 대신 큰 피해를 입은 호족에게만 복수법을 인정하겠소."
경종이 복수법을 인정하자 많은 사람들이 복수라는 구실로 죽임을 당했어요. 호족을 달래고 그들의 힘을 하나로 모으려고 했던 경종의 의도는 점점 빗나가기 시작했어요. 시간이 갈수록 편이 갈리고, 결국에는 왕건의 아들인 효성 태자와 원녕 태자까지 살해되

◐ 고려 초기에 건립된 월정사 8각 9층 석탑

는 일이 발생했지요. 경종은 몹시 화가 났어요. 그는 결국 복수법을 없애라는 명령을 내렸어요. 그리고 왕선을 잡아들이라고 명했지요.

이후 경종은 정치에 관심을 두지 않았어요. 그는 술과 놀이 등으로 세월을 보내다가 1년도 못 가서 병이 들어 죽었지요.

고려의 왕씨는 모두 왕건의 후손인가요?

고려에는 왕씨가 무척 많아요. 특히 왕실의 경우에 더욱 그랬어요. 높은 벼슬에 앉은 사람을 보면 대부분 왕씨였어요. 왕건이 왕이 된 이후에 자신의 친척들을 모두 높은 벼슬에 앉혔냐고요?

그런 건 아니에요. 왕족이 지방 호족들의 힘을 하나로 모으기 위해 그들의 딸과 혼인을 맺었다는 건 이미 알고 있지요? 앞에서 부인이 29명이나 된다는 얘기를 했을 거예요. 그렇지만 호족 가운데 딸이 없는 사람도 있었어요. 이런 호족들은 공을 세운다고 하더라도 크게 이익이 되는 부분이 없었지요. 왕건은 이들에게 뭔가를 줘야 한다고 생각했고, 그래서 내린 것이 바로 '왕씨' 성이랍니다.

호족 가운데 왕순식이라는 사람이 있는데 이 사람의 원래 이름은 김순식이었어요. 그는 강릉에 독자적인 세력을 형성하고 왕건의 회유에도 쉽게 응하지 않던 사람이에요. 그런 그를 겨우 설득한 왕건은 그에게 '왕씨' 성을 주었다고 해요.

'고려장'은 왜 생겼나요?

고려에는 '고려장'이라는 이상한 풍습이 있었어요. 부모가 늙어서 죽을 때가 되면 외딴 곳이나 산에 버리는 풍습이었지요. 당시 고려 사람들이 부모를 사랑하지 않아서 그랬냐고요? 아니에요. 워낙 가난해 먹을 것이 없어 굶어 죽다 보니 그렇게 해서라도 먹는 입을 줄이려 했다는군요. 하지만 최근에는 '원래 고려인의 무덤을 고려장이라 했었다'는 등 고려장에 대한 여러 의견들이 나오고 있답니다.

요나라의 침략과 위대한 승리

고려는 여러 차례 요나라의 침입을 받지만 서희의 뛰어난 외교술과 강감찬 장군의 전략으로 요나라 군사를 물리칩니다.

> ✅ **송 태조 (927~976)**
> 송나라의 제1대 황제로 이름은 조광윤입니다. 후주의 절도사였으나, 송나라를 건설하여 문치주의에 의한 군주 독재화를 꾀하였습니다. 재위 기간은 960년~976년입니다.

> ✅ **송나라와 고려**
> 중국의 역대 나라 중에 우리 민족과 가장 친밀한 관계를 유지했던 나라가 송나라입니다. 특히 문화 예술이 발달하고 온건한 통치자가 많았던 송나라는 고려에 행사가 있을 때마다 친선을 위해 사절단을 파견했습니다.

말 한 마디로 요나라를 물리친 서희

고려의 성종(재위 981~997년)이 나라를 다스릴 무렵입니다. 중국 땅에서는 송나라와 거란족이 세운 요나라가 티격태격 다투고 있었습니다. 그 사이에서 고려는 아슬아슬하게 중립을 지키고 있었지요. 그러나 평화는 오래 가지 못했습니다.

요나라의 임금은 오래전부터 송나라를 물리치고 넓은 중국 땅을 혼자 차지하고 싶었습니다. 그러기 위해서는 송나라와 친하게 지내고 있는 고려를 가만둘 수 없었습니다. 만약 송나라가 고려와 힘을 합해 앞뒤에서 요나라를 친다면 큰 곤경에 처할 수 있기 때문입니다. 그래서 요나라는 때때로 고려에 사신을 보내 달래기도 하고 한편으로는 겁을 주었습니다.

하지만 고려는 오래전부터 오랑캐로 취급해 온 요나라와 친하게 지낼 수는 없었습니다. 고려는 요나라와 외교 관계를 끊고 송나라와 가까이 지냈습니다.

요나라는 이것을 구실로 삼아 고려에 쳐들어 왔습니다. 요나라 장수 소손녕의 군대는 동남쪽을 향해 거친 파도처럼 내려와 압록강을 건넜습니다. 소손녕은 자신의 군대가 80만 명이라고 떠들어 대며 고려에 항복을 요구했습니다.

"고려의 국왕은 들으시오. 우리는 오래전 발해를 멸망시키고 옛 고구려 땅을 차지하였소. 그런데 고려가 아직도 고구려 땅의 일부를 차지하고 있는 것은 옳지 못하오. 마땅히 우리에게 그 땅을 돌려 주시오. 순순히 항복한다면 이쯤에서 군사를 돌리겠소."

소손녕의 요구에 고려의 성종은 이몽전을 보내 평화적으로 협상하기를 청했습니다. 그러나 소손녕은 막무가

> ✅ **요나라의 등장**
>
> 916년 거란족은 단순한 유목 생활에서 벗어나 거란국을 세웁니다. 937년 국호를 요나라로 바꾼 뒤, 발해를 무너뜨리고 중원에 위협적인 존재로 떠오릅니다.

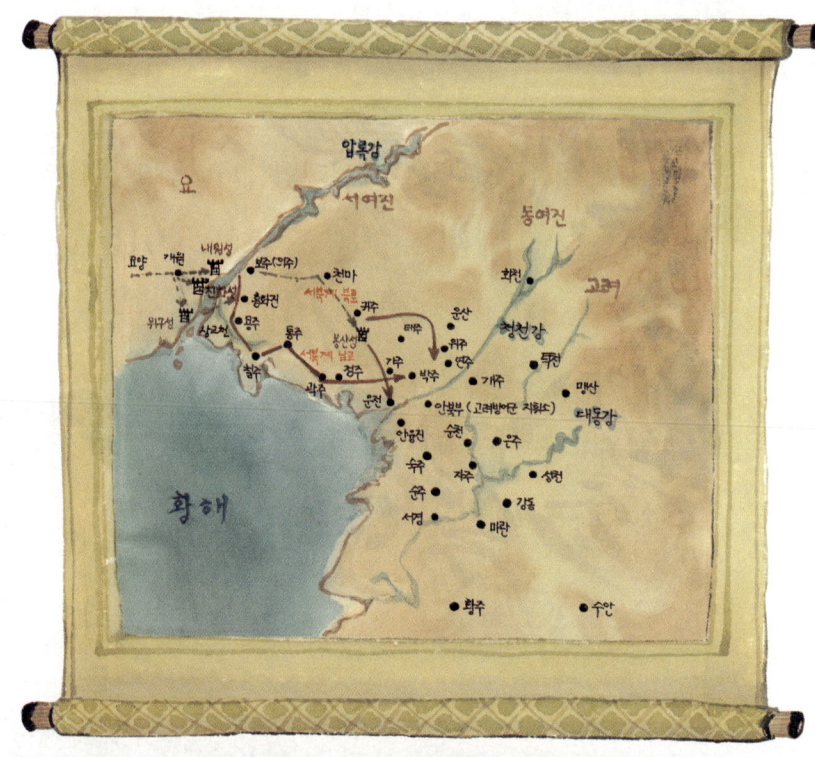

◐ 요나라군의 고려 공격도

내였습니다.

"고려가 일단 항복해야 협상에 응할 것이오."

고려 조정은 흔들리기 시작했습니다.

"폐하, 차라리 서경(지금의 평양) 이북의 땅을 저들에게 넘겨 주고 전쟁을 피하시옵소서."

"그렇사옵니다. 땅을 내주고 황주에서 절령(자비령)까지를 국경으로 정하면 될 것이옵니다."

신하들은 요나라가 두려웠던지 한결같이 요나라에 땅을 내주자고 하였습니다.

성종도 그 편이 낫겠다고 생각했습니다. 요나라의 군대가 막강하다는 것을 알고 있었기 때문입니다.

"신하들은 들으시오! 서경에 있는 창고를 열어 모든 곡식을 백성들에게 나누어 주시오. 그런 뒤에도 곡식이 남거든 대동강에 버리시오. 행여 적의 군량미로 쓰일까 두렵소."

참으로 어처구니없는 일이었습니다. 땅을 내주는 것도 모자라 애써 농사지은 쌀을 버리다니요. 이때 성종 앞으로 나서는 신하가 하나 있었습니다.

바로 서희였습니다.

"폐하, 아니 될 말이옵니다. 오래전부터 전쟁에서 이기고 지는 것은 군사력의 강하고 약한 데에 있지 않다 하였습니다. 오히려 적의 약점을 알고 미리 움직이면 쉽게 승리할 수 있사옵니다. 더구나 곡식이란 백성들의 생명과도 같사온데, 함부로 버리는 일은 옳지 못하옵니다."

서희의 말에 성종은 일단 쌀 버리는 일을 중지시켰습니다. 그리고 다시 요나라 군대와 맞서기로 했습니다.

바로 이 무렵, 소손녕이 사신을 보내왔습니다. 평화 협상을 하자는 것이었습니다. 그런데 문제가 있었습니다. 협상을 하려면 누군가 요나라 진영에 들어가야 했는데 아무도 사신으로 나서지 않았습니다. 자칫하면 죽을지도 모른다고 생각했던 것입니다.

바로 이때 서희가 다시 나섰습니다.

"폐하, 제가 사신으로 가겠나이다."

"오호, 그대야말로 충신이오. 정말 그대가 가 주겠소?"

서희는 적진을 향해 말을 몰았습니다. 성종은 그런 서희를 직접 나와 배웅했습니다.

● 고려 사람들이 사용했던 거울(뒷면)

● 거란의 문자가 새겨진 거울(뒷면)

✅ 서희

서희는 뛰어난 외교술로 유명합니다. 거란 침입 때 스스로 적진에 들어가 소손녕과 담판을 벌여 거란군을 철수시킨 뒤, 지금의 평북 일대의 땅을 완전히 회복시켰지요.

✅ 소손녕

거란의 장수로 고려를 침입하다가 서희와 담판을 벌이게 됩니다. 결국 소손녕은 서희의 강경한 요청과 안융진 전투에서의 패배, 그리고 그로 인해 군사들의 사기가 크게 떨어지자 일단 돌아가기로 마음먹습니다. 그리고 강동 6주의 300리 지역을 고려에 넘겨 줍니다.

서희는 통역관과 함께 요나라 장수 소손녕 앞으로 나아갔습니다.

소손녕은 서희에게 이렇게 요구했습니다.

"나 소손녕은 큰 나라에서 온 귀한 사람이니 고려의 장수 서희는 먼저 뜰에 엎드려 나에게 절을 하라."

서희는 통역관에게 큰소리로 외치게 했습니다.

"무슨 소리요. 뜰에 엎드려 절하는 것은 신하가 임금에게 예의를 갖출 때에만 하는 것이오. 그대나 나나 모두 한 나라의 장수일 뿐인데 내 어찌 그대에게 절을 한단 말이오."

"어쨌거나 그대는 어서 말에서 내려 절을 하시오."

소손녕은 물러서지 않았습니다. 서희의 명성을 알고 있던 소손녕은 서희의 기를 꺾어 놓고 싶었던 것입니다. 그러나 서희는 소손녕의 요구에 응하지 않았습니다. 소손녕이 서너 차례 더 요구했지만 서희는 결코 듣지 않았습니다.

"음. 그렇다면 할 수 없군."

결국 소손녕은 자신의 요구를 포기하고 함께 맞절을 했습니다. 한시라도 바삐 화의(화해하기로 의논하고 약속하는 거예요)를 맺고 돌아가야 하는 처지였기 때문이었습니다.

○ 〈어제비장전〉

✓ 고려 시대의 목판화

〈어제비장전〉은 회화 역사상 교과서 같은 불교 시집입니다. 판화로 찍은 것이 특징이며, 〈어제비장전〉의 그림은 송나라의 영향을 받아 부드럽고 섬세한 것이 특징입니다.

소손녕은 하루라도 빨리 돌아가는 편이 낫다고 생각했습니다. 고려군이 생각했던 것보다 강하게 저항하여 요나라군의 피해가 컸고, 식량이 바닥난 데다 겨울이 닥쳐왔기 때문입니다.

그래도 서희와 마주앉은 소손녕은 여전히 억지를 부렸습니다.

"고려는 신라 땅에서 일어났고, 우리나라(요나라)는 옛 고구려의 땅에서 일어났으니 고구려의 땅은 마땅히 우리 것인 데도 그 일부를 고려가 차지하고 있소. 또한 우리와 국경을 맞대고 있으면서도 고려는 오히려 바다 건너의 송나라와만 가까이 지내고 있으니 이것은 고려의 잘못이 크오. 만

약 고려가 옛 고구려의 땅을 돌려주고 우리와도 가까이 지내면서 조공을 바친다면 군사를 거두어 돌아갈 것이오."

하지만 서희는 소손녕이 잘못 생각하고 있음을 조목조목 말해 주었습니다.

"그건 장군의 잘못된 생각이오. 우리 고려는 옛 고구려 땅에 터전을 잡았소. 그리하여 이름도 고려로 한 것이오. 그러니 오히려 요나라가 우리의 땅을 빼앗은 것이오. 또한 우리가 요나라와 가까이 지내려 해도 압록강가에 모여 사는 여진족들이 우리 사신들의 발길을 막으니 어쩔 수 없소. 만약 요나라가 우리 땅을 돌려 주고 여진을 몰아낸 뒤 그 곳에 성을 쌓게 해 준다면 우리 역시 요나라와 가까이 지낼 것이오."

"으음."

소손녕은 서희의 말에 입을 다물었습니다. 처음에는 큰소리치던 그였지만 서희의 논리 정연한 말에 손을 들지 않을 수 없었습니다. 소손녕은 서희를 일단 자신의 진영에 며칠 머물게 한 뒤, 급히 요나라 임금에게 전령을 보냈습니다. 얼마 후 소손녕은 전쟁을 포기하고 돌아오라는 명령을 전해 받고 요나라로 돌아갔습니다. 서희도 무사히 고려의 진영으로 돌아왔습니다.

소손녕이 서희의 인품에 감격하여 선물한 낙타

10마리, 말 100필, 양 1천 마리, 그리고 비단 500필을 가지고 말입니다. 요나라는 더욱 큰 선물도 주었습니다. 그것은 바로 압록강가의 땅이었습니다. 그때까지 압록강가에는 여진족이 흩어져 살고 있었습니다. 이들은 수시로 고려 땅을 침입해 약탈을 일삼았지요.

서희는 바로 이 땅에 살던 여진을 몰아내고 고려의 성을 쌓았습니다. 또한 그 땅이 명백히 고려의 땅임을 인정하는 요나라의 서약도 받아 냈습니다.

이 땅이 바로 강동 6주라 불리는 흥화진, 용주, 철주, 귀주, 곽주, 통주입니다.

강감찬의 귀주 대첩

요나라는 고려에 대한 욕심을 버리지 못했습니다.

1010년, 현종이 임금이 된 지 얼마 지나지 않아 요나라는 다시 고려를 침략했습니다. 강조 장군이 정변을 일으켜 목종(7대 임금)을 강제로 폐립시킨 일을 구실로 삼았습니다. 이때 요나라는 강조를 압송할 것을 요구했지만, 고려 조정에서는 이를 거부했지요. 마침내 요나라는 40만 군사를 앞세워 개경과 서경을 모두 불사르고 고려 안까지 깊숙이 들어왔습니다. 결국 현종은 나주까지 피난 길을 떠나야 했습니다.

하지만 양규의 활약으로 요나라군은 곧 후퇴했습니다. 물론 그렇다고 전쟁이 끝난 것은 아니었습니다. 요나라는 여전히 침략의 기회를 노리며 고려에 터무니

없는 요구를 해 왔습니다.

"고려의 국왕은 즉시 요나라로 달려와 우리 황제에게 신하의 예를 갖추라!"

고려로서는 받아들이기 어려운 일이었습니다. 고려의 조정은 임금이 병에 걸려 움직일 수 없다며 요나라의 요구를 거절했습니다. 그러나 통하지 않았습니다.

1018년, 요나라 군대는 또다시 고려를 향해 공격의 깃발을 내걸었습니다. 공격 총사령관은 전에 서희와 담판을 벌인 소손녕의 형 소배압이었습니다.

같은 해 12월, 소배압은 압록강을 건너며 고려의 군사들에게 외쳤습니다.

"고려의 군사들은 듣거라. 무기를 버리고 항복하는 자에게는 상을 후하게 내리겠노라! 하지만 우리의 앞길을 막고 대항한다면 무참하게 목을 베리라!"

이로써 요나라는 세 번째로 고려를 침략했습니다.

고려는 즉시 강감찬을 상원수로 강민첨을 부원수로 삼아 요나라의 공격을 막았습니다. 강감찬은 서둘러 군사를 모아 안주에 총사령부를 설치했습니다. 그리고 장수들에게 명령했습니다.

"병마판관 김종현은 즉시 군사 1만 명을 이끌고 개경을 지

✅ **강조**

현종 때 거란이 40만 명 대군으로 침입해 오자 30만 명의 군사들과 함께 통주에서 싸우다 포로가 됩니다. 강조는 거란의 성종으로부터 자기의 신하가 되라는 회유를 받지만, 끝내 거절하여 죽음을 맞습니다.

✅ **양규**

양규는 무로대·이수·석령·여리참 등을 기습하여 거란에게 잡혀 가는 백성 1만여 명을 구한 고려의 무신입니다. 이어 애전이라는 지역에서 적을 기습하다 대군의 공격을 받아 전사합니다.

켜라. 또한 청야 작전을 써서 개경 주변의 모든 민간인을 성 안으로 불러들이고, 가축이나 식량을 하나도 남겨 놓지 마라."

강감찬의 고려군과 요나라군이 처음으로 맞부딪치게 될 곳은 흥화진이었습니다.

강감찬은 먼저 흥화진 곳곳을 둘러 본 뒤, 흥화진 동쪽으로 흐르는 냇물을 발견하였습니다. 그 냇물은 평소에는 수심이 얕지만 장마가 지면 손쓸 수 없을 정도로 불어났습니다. 이를 파악한 강감찬은 냇물의 상류를 소가죽으로 막게 했습니다. 그런 뒤 1만여 기병을 이끌고 냇물을 건너 적의 코앞까지 진격했습니다. 그러고는 재빨리 냇물을 건너 되돌아왔습니다.

그러자 요나라 진영에서 크게 소리치기 시작했습니다.

"추격하라! 고려 군사들이 도망간다. 쫓아라!"

강감찬으로서는 기다리던 바였습니다. 강감찬은 요나라 군대가 쫓아오자 말을 더욱 빨리 달렸습니다. 그리고 요나라 병사들이 냇물을 건널 때를 기다렸다가 소리쳤습니다.

"소가죽을 터트려라! 냇물 밖으로 올라오는 자는 화살로 공격하라!"

명령이 떨어지기 무섭게 냇물 상류에서 대기하고 있던 고려의 병사들이 소가죽을 터트렸습니다. 그러자 엄청난 양의 냇물이 한꺼번에 쏟아져 내렸습니다.

○ 강감찬 장군 동상

요나라 군사들은 순식간에 진퇴양난에 빠졌습니다. 물을 피해 냇물 밖으로 올라오자니 고려군의 화살이 날아들었고, 화살을 피하자니 거센 물살에 몸을 가눌 수 없었습니다. 결국 수천 명의 요나라 군사들은 물에 빠지거나 고려군의 화살에 맞아 목숨을 잃었습니다.

뒤이어 벌어진 대동강의 마탄나루 전투에서도 요나라 군사 1만 명이 목숨을 잃었습니다.

결국 요나라군의 총사령관 소배압은 서둘러 개경까지 물러나야 했습니다.

소배압은 제 나라로 돌아가고 싶은 마음이 간절해졌습니다. 추운 겨울인 데다가 강감찬의 청야 작전으로 먹을 것이 하나도 없었기 때문이었습니다. 군사들은 싸울 기력은 고사하고 배고픔과 추위에 지칠 대로 지쳐 있었습니다.

'아아, 이런 상태로는 도저히 개경을 함락시킬 수 없다. 서둘러 돌아가지 않으면 크게 패하리라.'

소배압은 급히 고려 조정에 사람을 보내 군사를 거두겠노라고 알리는 한편, 재빨리 귀주 부근까지 후퇴했습니다. 그러나 그들을 아무 일 없이 돌려 보낼 강감찬이 아니었습니다.

강감찬은 소배압과 그의 군대가 있는 곳을 확인한 뒤 명령했습니다.

"고려의 모든 군사들은 귀주로 집결

하라!"

 강감찬의 명령에 따라 사방에 흩어져 있던 군사들이 귀주로 모였습니다. 그리고 귀주성을 점령하고 있던 소배압의 요나라군을 포위했습니다. 강감찬은 귀주성의 동쪽 문 밖에서 때를 기다리고 있었습니다.

 그러던 며칠 뒤, 갑작스레 날씨가 흐려지더니 바람이 거세게 불었습니다. 이때를 기다렸다는 듯 강감찬은 장수들을 모아 놓고 말했습니다.

 "지금이 기회요. 장수들은 즉시 병사들을 격려하고 공격을 서두르시오."

 그런데 한 장수가 날씨를 걱정하며 말했습니다.

 "하지만 장군, 날씨가 나빠지고 있사옵니다. 곧 비바람이 몰아칠 것이옵니다. 이런 때에 공격하면 승산이 없을 것이옵니다."

 강감찬은 빙그레 웃음을 지으며 대답했습니다.

 "바로 그것이오. 바람은 지금 적들 쪽으로 불고 있소. 또한 비가 온다면 오히려 우리에겐 더욱 좋은 일이오. 저들은 대륙의 마른 벌판에서 군사 훈련을 한 자들이니 비가 와 땅이 젖는다면 제대로 싸우지 못할 것 아니오."

 그제야 장수들은 강감찬의 뜻을 알아차렸습니다.

장수들은 병사들을 향해 외쳤습니다.

"공격하라! 적을 향해 진군하라!"

공격 명령과 함께 고려군은 일제히 귀주성 쪽을 향해 달려 나갔습니다. 이것을 본 요나라 군사들도 성문을 열고 밖으로 달려 나왔습니다.

"쨍그랑 챙챙. 푸슈슉!"

창과 창이 찌르고 날과 날이 부딪쳤습니다. 사방에서 화살이 날아다녔습니다. 싸움은 아주 팽팽했습니다. 어느 쪽도 물러섬이 없었습니다.

그러나 시간이 지나면서 바람이 더욱 거세지고 비까지 내리기 시작하자 요나라 쪽 전세가 점점 불리해졌습니다. 바람을 안고 싸우던 요나라 군사들은 눈을 뜰 수조차 없었습니다. 게다가 땅이 질척거려 말이 제대로 움직이지 못하자 요나라군의 대열은 삽시간에 흔들리기 시작했습니다.

● 귀주대첩도 기록화

결국 요나라 장수들은 성을 버리고 서둘러 후퇴하기 시작했습니다. 고려군은 이때를 놓치지 않았습니다.

"공격하라. 요나라 군사들이 물러선다. 한 놈도 남기지 말고 목을 베라!"

● 낙성대 안국사(강감찬 장군의 출생지)

좌충우돌하는 요나라 군사들을 보자 고려군의 사기가 높아졌습니다.

고려군은 달아나는 요나라 군사들을 끈질기게 따라갔습니다.

그 탓에 요나라는 수십만 군사들 중 겨우 몇 천 명만 살아서 도망갔습니다. 강감찬의 큰 승리였습니다.

이 소식은 곧 요나라 임금에게 전해졌습니다.

요나라 임금은 전령을 보내 요나라군 사령관인 소배압에게 이렇게 말했습니다.

"그대가 적을 가볍게 보고 너무 깊숙이 진격한 탓에 가여운 우리 군사를 잃고 패했구나. 그대는 무슨 면목으로 나를 볼 참인가? 그대가 돌아오면 내가 몸소 너의 낯가죽을 벗기고 말리라!"

요나라 임금까지 원통해했던 이 싸움을 귀주대첩이라 합니다.

여진을 몰아내고 옛 고구려의 땅을 되찾아라

요나라의 공격에 이어 이번에는 여진의 공격이 시작됐습니다.
윤관 장군은 여진과의 싸움에 대비하기 위해 별무반을 만들고 훈련을 시켜
빼앗긴 땅을 찾고 그곳에 9개의 성을 쌓습니다.

1104년(숙종 9년), 이번에는 여진족이 국경을 넘어왔습니다.

"폐하, 국경을 지키던 우리 군사들이 여진족의 공격을 받아 전멸했다 하옵니다."

신하의 말에 왕은 깜짝 놀랐습니다.

국경 부근에 몰려다니며 노략질이나 일삼던 여진족이 그토록 강해졌다는 사실이 믿기지 않았습니다.

하지만 사실이었습니다. 고려가 거란족에만 신경을 쓰고 있는 사이 여진족은 '영가'라고 하는 지도자를 중심으로 나라를 만들 준비를 했고, 그의 조카 오아속은 마침내 고려의 국경을 넘어섰습니다.

"아무래도 그냥 놓아두면 안 되겠소. 즉시 임간 장군에게 군대를 주어 여진족을 몰아내도록 하시오."

숙종은 신하들에게 명령했고, 임간은 '판동북면행영병마사'에 임명되어 군사를 이끌고 국경선을 향해 진격했습니다.

그러나 의기양양하던 임간의 군대는 미리 숨어서 길목을 지키고 있던 오아속의 군대에 걸려들어 크게 패하였습니다. 여진족을 얕

보고 아무런 작전도 없이 달려들었던 탓입니다.

　더구나 고려군은 전부 보병이었던 데 비해 여진족의 군사들은 말을 타고 싸우는 기병이어서 처음부터 상대가 되지 않았습니다. 끝내 임간은 정주성마저 내주고 도망쳐야 했습니다. 성 안에 살고 있던 백성들은 여진족의 행패에 무참하게 목숨을 잃었습니다.

　패배의 소식은 고려의 임금에게까지 전해졌습니다.

　"뭣이! 여진족이 감히 우리 고려의 성까지 빼앗았단 말이냐? 그렇다면 윤관 장군을 불러라!"

　숙종의 명을 받고 윤관은 국경으로 달려갔습니다. 그러나 임간처럼 서두르지는 않았습니다. 우선 여진족의 상황을 잘 살펴보았습니다.

　'과연 염려했던 대로군. 우리 고려군은 걸어다니는데 여진족은 말을 타고 다니니 어찌 당해 낼 수가 있단 말인가? 우리도 기병을 갖지 않으면 이길 수 없으리라!'

윤관은 먼저 여진족의 오아속에게 사신을 보내 군대를 철수하라고 명령했습니다. 이에 대해 여진족은 자신들을 이웃 나라와 똑같이 대우해 줄 것을 요구했고, 윤관은 그러기로 약속했습니다.

그 뒤, 윤관은 개경으로 돌아와 임금에게 아뢰었습니다.

"폐하, 여진족을 잘 구슬러 일단은 돌려보냈지만 언젠가는 다시 국경을 넘을 것이옵니다. 서둘러 그들을 막을 새로운 군대를 키우지 않으면 안 될 것이옵니다."

임금의 허락을 받아 윤관은 말을 탈 줄 아는 병사들을 따로 뽑고, 그들을 '신기군'이라 불렀습니다. 그리고 스무 살이 넘었어도 과거 공부를 하지 않는 장정을 모아서 '신보군'이라는 또 다른 군대를 만들었습니다. 한편으로는 스님들만 따로 모아 군대를 만들어 '항마군'이라 불렀습니다. 그리고 이러한 군대를 모두 합쳐 별무반이라 불렀습니다. 윤관은 별무반을 날마다 훈련시켰습니다. 그리고 군량미를 모으고 무기를 깨끗이 손질하여 언제든 적과 싸울 수 있도록 대비했습니다.

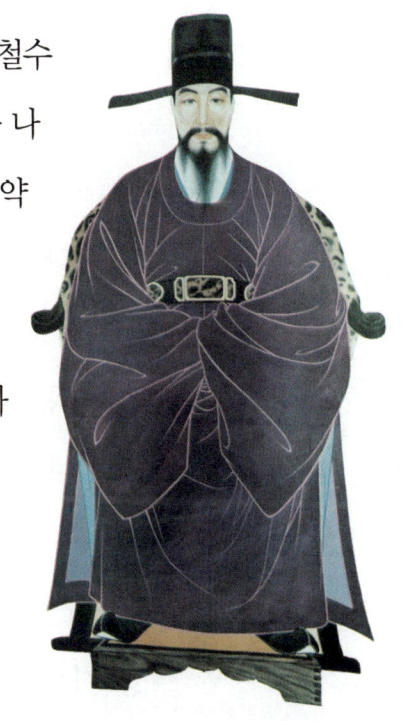
○ 윤관 장군

그러는 사이 숙종이 세상을 떠났고 뒤를 이어 예종이 임금이 되었습니다. 그리고 2년이 지난 1107년, 여진족이 다시 날뛰기 시작했습니다.

윤관 장군은 예종의 명령을 받고 국경으로 향

했습니다.

여진족을 정벌하기 위해 떠나는 윤관 장군의 마음은 다른 때와 달랐습니다.

"모든 장수와 병사들은 듣거라. 곧 여진족을 토벌할 것이니, 앞으로 그 누구를 막론하고 훈련 날짜를 어긴 자는 몽둥이 12대로 벌하겠노라. 또한 실수로 무기를 잃거나 명령을 듣고 실행하지 않는 자는 크게 벌할 것이며, 위급한 싸움에 나서지 않는 자, 전투 도중 항복하거나 도망하는 자는 그 즉시 목을 베겠노라. 뿐만 아니라 적에게 항복하는 자는 그 아비와 자식들까지 모두 노예로 삼겠노라."

그해 겨울, 윤관은 국경에 도착했습니다.

윤관은 먼저 여진의 우두머리에게 사신을 보내 말했습니다.

"여진의 군사들은 들으라. 예전에 우리 고려가 사로잡은 여진의 포로들을 돌려주겠으니 즉시 와서 데려가라!"

그 말에 따라 여진은 400여 명의 군사를 보내 왔고, 윤관은 그들에게 술과 고기를 내주어 마음껏 먹고 마시도록 했습니다.

◎ 거란의 침입 경로(붉은선)와 윤관의 여진 정벌(파란선)

그러나 그것은 미끼였습니다.

그날 밤, 윤관은 부하 장수 척준경에게 명령을 내렸습니다.

"척준경 장군은 곧바로 군사들을 이끌고 달려가 여진의 병사들을 단숨에 없애시오."

척준경은 그 즉시 달려가 여진의 군사들을 남김없이 베었습니다.

이어 다음 날, 윤관은 직접 5만여 명의 군사를 이끌고 여진의 깊은 마을 안까지 들어갔습니다.

고려 군사들은 살아남아 도망치는 여진족 군사들의 뒤를 쫓으며 항복을 권했지만, 대다수 군사들은 항복하지 않았습니다.

그런 탓에 여진의 병사들은 대부분 고려군의 칼과 창에 맞아 숨을 거두었습니다.

윤관은 고려군이 크게 승리한 소식을 곧바로 예종에게 전했습니다. 임금은 아주 기뻐했습니다.

"오오, 과연 윤관 장군이로다. 윤관 장군에게 일러 여진족을 몰아낸 곳에 우리 고려의 성을 쌓고 지키게 하라!"

윤관은 여진족의 근거지를 빼앗은 자리에 9개의 성을 새로 쌓았습니다. 함주, 영주, 웅주, 길주, 복주, 의주, 공험진, 통태진, 숭녕진이 바로 그곳입니다.

그리고 그곳에 백성들을 옮겨 살게 했습니다. 그래야만 그곳이 오래도록 고려의 땅이 될 것이라 생각한 것입니다. 뿐만 아니라 공험진에는 그곳이 고려의 땅임을 알리는 큰 비석까지 세워 두었습니다.

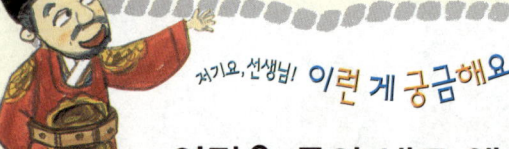

저기요, 선생님! 이런 게 궁금해요
여진을 몰아 내고 옛 고구려의 땅을 되찾아라

고려 시대에 절은 어떤 역할을 했나요?

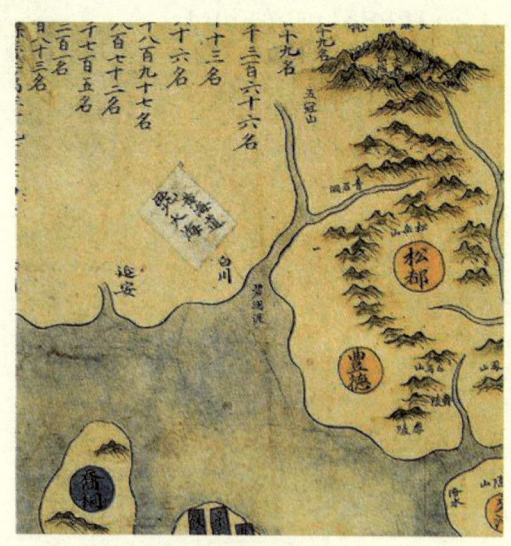

🔸 무역이 가장 활발하게 이루어졌던 벽란도

고려 시대에는 불교와 유교의 역할이 무척 컸어요. 그중에서도 불교는 왕실과 귀족의 보호로 크게 발전했지요. 나라에서는 백성들에게 불교를 적극적으로 권장했고 절은 아주 중요한 장소가 되었어요.

백성들이 조용하게 불공을 드리는 모습이 상상되나요? 그렇지만 고려 시대의 절은 우리가 상상하는 것과는 많이 다르답니다.

고려 시대의 경우에는 절이 꼭 시장판 같았답니다. 절에서는 술도 팔고 음식도 팔았어요. 스님과 술이라니 도저히 믿어지지 않는 일이지요. 왜 이런 일이 있었냐고요?

고려 시대에 불교가 부흥하면서 사람들은 절로 모여들었어요. 사람이 많아지자 자연히 필요한 물건들이 많이 생겨났지요. 물건을 필요로 하는 사람이 있는데 장사를 안 할 수는 없겠지요. 사찰에서는 조금 더 욕심을 부려서 직접 물건을 만들고 판매까지 했어요. 스님들이 직접 한 건 아니고 기술자를 두었지요. 절에서 이 정도로 활발한 상업이 이루어졌다니 놀랍지 않나요? 그렇다면 고려 시대 전체 상황은 어땠을까요?

그때 당시 고려는 일본, 송나라 등과 무역을 활발히 하고 있었어요. 멀리 아라비아에서 상인이 오고 갈 정도였지요. 특히 벽란도라는 상업 도시까지 있었어요. 이렇게 활발한 무역 덕분에 고려는 외국에 알려졌고, 코리아(Korea)라는 이름도 이때 비롯된 거예요.

고려 시대의 불교

🔸 보조 국사 지눌. 희종 때 국사가 되어 나랏일을 보살피기도 했다.

태조 왕건은 불교를 국교로 정하고 스님에게 계급을 주기 위한 승과를 만들어 승려를 우대하였습니다.

정월 대보름의 연등회, 11월 15일의 팔관회와 같은 커다란 불교 행사를 열었으며 이러한 태조의 숭불 정책은 고려 전반에 걸쳐 계승됩니다.

불교는 고려의 정신적 지주 역할을 하면서 예술, 건축, 음식 등 여러 방면으로 영향을 주었어요.

고려의 유물 중 불교 그림들이 많이 남아 있는데 대체적으로 정교하며 고급스러워 당시 중국과 일본에도 수출했다고 해요.

공민왕 때 승려 백운 화상은 부처님의 가르침을 적은 직지를 편찬합니다. 직지는 금속 활자로 만든 세계 최초의 금속 활자본으로 유네스코 세계 기록 유산으로 지정되었지만 현재 프랑스 국립 도서관에 보관되어 있습니다. 몽골군을 물리치기 위해 새긴 팔만대장경 역시 8만 개가 넘는 경판에 글자를 쓰고 새겨 낸 고려의 대표 유물입니다.

불교는 음식에도 영향을 주었는데 불교문화의 영향으로 고기 음식이 사라지자, 채소 음식들이 발달하였어요. 이때 김장 문화가 생겼지요. 또 절의 수가 늘어나면서 고려의 건축술도 발달하였답니다.

🔸 대장경판 글씨

귀족 사회의 동요와 묘청의 서경 천도

고려는 문벌 귀족의 횡포로 나날이 쇠퇴합니다.
쓰러지는 나라를 바로 세우고자 묘청은 난을 일으켜 서경 천도를 추진하지만
조광의 배신으로 실패합니다.

> **✓ 음서 제도**
>
> 아버지나 할아버지가 높은 벼슬을 하거나 나라에 공을 세웠을 경우 그 자손은 과거를 치르지 않고 특별히 등용됩니다. 이 제도를 음서 제도라 하며, 고려 문벌 귀족들은 음서 제도를 통해 관직에 진출했습니다. 그러나 이 제도는 훗날 많은 폐단을 낳았으며 특히 권력과 부가 한쪽으로 집중되면서 많은 불평등을 초래했습니다.

숙종은 문벌 귀족의 횡포로 곪아 가는 고려를 바로잡으려 애를 썼습니다. 그러나 왕의 힘으로도 문벌 귀족들을 막지 못할 만큼 고려는 깊게 병들어 있었습니다.

문벌 귀족들은 높은 벼슬을 차지하고 넓은 땅을 소유하며 권세를 누렸습니다. 가문의 지위를 높이기 위해 왕실이나 지체 높은 가문과 혼인하여 관계를 맺었고, 벼슬자리를 자손들에게 대대로 물려주며 나랏일을 손에 쥐고 흔들었습니다. 돈을 주고 관직을 사고파는 일이 거리낌 없을 만큼 문벌 귀족들의 사치와 향락은 극에 달해 있었습니다.

그 가운데 이자겸은 왕조차 두려워할 정도로 막강한 권세를 누린 문벌 귀족이었습니다. 숙종이 죽고 예종이 왕이 되자, 이자겸은 딸을 왕후로 만들었습니다. 왕의 장인까지 되

고 보니 이자겸의 권력은 날아가는 새도 단숨에 떨어뜨릴 정도였습니다.

예종마저 숨을 거둔 뒤에는 왕위를 이어받을 다른 왕자와 왕손들을 죽이고, 자신의 외손자인 어린 인종을 왕좌에 앉혔습니다.

"왕이 아직 어리니 나랏일을 살피는 데 어려움이 클 것이오. 내가 왕을 도와 나랏일을 살피겠소."

이자겸은 왕이 어리다는 핑계를 들어 제멋대로 나랏일까지 처리했습니다. 그럼에도 불구하고 이자겸의 권세를 막을 사람들은 아무도 없었습니다. 대신들조차 이자겸의 눈치를 살폈고, 수많은 사람들이 뇌물을 들고 와 벼슬자리를 부탁할 지경이었습니다.

"다른 문벌 귀족이 왕실의 외척이 되게 할 수 없다!"

권력을 조금도 놓치기 싫었던 이자겸은 셋째 딸과 넷째 딸마저 인종에게 시집을 보냈습니다. 더할 나위 없이 커다란 권력을 움켜쥐고 있었지만 이자겸의 욕심은 끝이 없었습니다.

그 무렵, 요나라를 물리치고 금나라를 세운 여진족은 고려에 사대(약한 쪽이 강한 쪽을 섬

✓ 금나라 탄생

여진족 장수 아골타는 요나라의 지배에서 벗어나기 위해 1만 명의 군사로 10만 명이 넘는 요나라 군대를 무찌릅니다. 1115년 요나라를 밀어내고, 요동 땅을 차지한 아골타는 국호를 대금이라고 칭하고 왕위에 오릅니다.

✅ 이자겸의 횡포

이자겸은 인종을 왕위에 앉힌 뒤, 스스로 왕과 같은 권한을 행사했습니다. 심지어 인종을 궁궐이 아닌 자신의 사택에 연금하고, 직접 나랏일을 처리하기도 했습니다. 뿐만 아니라 독이 든 떡을 왕에게 보내 독살을 시도합니다. 하지만 왕비(이자겸의 넷째 딸)가 미리 알고 그 사실을 인종에게 알렸지요. 나중에는 독약을 왕비에게 주어 보냈는데, 왕비는 일부러 넘어져 독약을 엎질러 버리기도 했답니다.

기는 것을 말해요)의 예를 강요하고 있었습니다. 이자겸과 문벌 귀족들은 금나라와 전쟁을 벌일 마음이 전혀 없었습니다. 전쟁이 일어난다면 누려 오던 권세를 잃을지 모른다고 생각한 이자겸은 여진족에게 머리를 숙이고 전쟁을 피하는 길을 선택했습니다.

"조정의 대신들이 모두 나를 따르는구나. 나라고 왕이 되지 못하겠느냐!"

1126년, 권력에 취한 이자겸은 스스로 왕이 되기 위해 난을 일으켰습니다. 물론 이자겸의 난은 실패로 돌아갔지만 그로 인해 궁궐이 불탄 개경은 매우 혼란스러웠습니다.

이자겸과 그를 따르는 무리들이 사라진 뒤에도 여러 문벌 귀족들 사이의 권력 다툼은 끊이질 않았습니다. 귀족들의 횡포가 더해 갈수록 백성들의 원망도 나날이 높아졌습니다. 개혁을 펼치고자 했던 인종의 의지도 문벌 귀족에게 가로막혀 있었습니다.

문벌 귀족들의 악행으로 개경의 민심이 흉흉해지고 있을 무렵, 서경 출신자들을 중심으로 서경 천도 운동이 일어나기 시작했습니니다. 묘청, 정지상, 백수한 등은 서경 천도를 외치며 고려의 도읍을 서경으로 옮길 것을 주장했습니다.

"이자겸의 난으로 궁궐까지 불타 버린 개경은 이미 왕도의 기운마저 모조리 사라졌나이다. 그러나 서경은 왕도의 기운이 가득 넘치는 땅이옵니다. 개경을 버리고 서경으로 옮기소서!"

서경 출신의 승려였던 묘청은 풍수지리설과 도참사상(미래에 벌어질 좋고 안 좋은 일에 대한 예언을 믿는 사상이에요)을 내세워 서경 천도의 필요성을 역설했습니다. 그러자 그동안 개경의 문벌 귀족들에게 시달렸던 인종의 마음이 움직였습니다.

"고려는 중국의 송나라와 대등한 나라이옵니다. 왕을 황제라 칭하고 송나라의 연호 대신 고려만의 독자적인 연호를 쓰시옵소서. 또한 여진이 세운 금나라에 고개를 숙이는 일은 가당치 않습니다. 서경으로 천도하여 금나라를 정벌하소서!"

묘청은 앞서 말한 내용의 '칭제 건원(고려의 왕을 황제라 칭하고 독자적인 연호를 사용하자는 뜻이에요)'을 주장하고 여진족이 세운 금나라에 맞서 싸울 것을 거듭 주장했습니다.

"그대의 말이 옳다. 내가 직접 서경을 둘러보고 궁궐 터

✓ 문벌 귀족

고려 초 지배 계층인 호족 세력이 과거 제도 시행 등으로 힘이 약해지자 새로운 세력, 문벌 귀족이 등장했습니다. 문벌 귀족은 왕실을 비롯해 귀족 간에 혼인을 맺으며 권력을 키워 나갑니다.

문종 대에 이르러 전성기를 맞이한 문벌 귀족들은 국가로부터 수많은 땅과 노비를 받으며 경제적으로 강해졌고, 이를 바탕으로 권력을 움켜쥐며 출세의 길마저 독차지했습니다. 그중에서도 특히 문종(11대)의 장인이자 순종과 선종의 외할아버지였던 이자연은 고려 최고의 문벌을 형성했고, 그의 손자가 바로 이자겸이었습니다.

● 이자연의 묘지명(부분)

> **고려 시대의 사경**
>
> 불교를 숭상했던 고려는 석가모니의 말을 전파하기 위해 여러가지 방법으로 애를 썼는데, 사경은 바로 그런 목적으로 베껴 쓴 불경이에요.

를 살펴보겠노라!"

인종은 고려에 새로운 바람을 불어넣으려는 묘청과 서경 출신의 인재들을 가까이 두고 아꼈습니다. 나아가 묘청의 주장을 받아들인 인종은 서경에 행차하여 궁궐 터를 골라 대화궁을 지었습니다.

하지만 서경 천도가 차근차근 진행되려 하자, 개경의 문벌 귀족들은 불안에 떨었습니다.

"묘청과 서경 출신자들이 하는 일을 가만 놔둘 수 없다!"

개경의 문벌 귀족들은 서경 출신자들의 세력이 커지는 걸 원치 않았습니다. 도읍을 서경으로 옮기는 것은 개경에 쌓아 놓은 세력 기반을 한꺼번에 잃어버린다는 의미였으니까요.

"묘청은 간사하기 이를 데 없는 중입니다. 세 치 혀로 사람의 마음을 어지럽히고 있으니, 묘청의 말을 듣는다면 장

◎ 사경

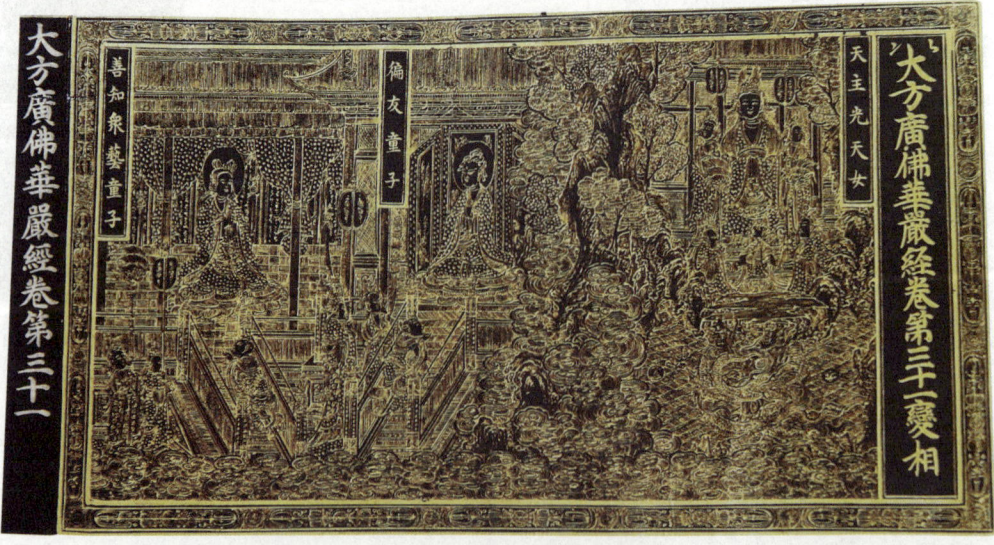

차 고려에 재앙이 닥칠 것입니다. 서경 천도는 불가하오니 당장 사악한 중을 내치시옵소서!"

김부식을 비롯한 개경의 문벌 귀족들은 서경 천도를 강력히 반대했습니다. 힘이 없었던 인종은 서경 천도를 포기할 수밖에 없었습니다.

"서경 천도는 고려를 새롭게 만드는 일이오. 문벌 귀족들의 횡포로 고려의 운은 이미 쇠하였소. 저들을 몰아내고 서경에 새로운 세상을 엽시다!"

1135년, 서경 천도가 실패로 돌아가자 묘청은 조광을 비롯해 뜻을 함께한 사람들과 반란을 일으켰습니다. 서경을 점령한 묘청의 군사들은 그곳에 '대위국'을 세우고 연호를 '천개'라 정했습니다. 이 소식은 곧 개경에도 전해졌습니다. 조정은 이 일로 발칵 뒤집혔습니다.

"묘청이 반란을 일으켜 서경을 공격했소. 군사를 이끌고 나가 반란군을 섬멸해야 하오!"

개경의 문벌 귀족들은 김부식을 총사령관으로 삼아 부랴부랴 토벌군을 조직했습니다. 토벌군은 개경에 남아 있던 정지상과 백수한을 죽이고 서경으로 행군했습니다.

김부식이 이끄는 토벌군이 들이닥치자 반란군은 크게 동요했습니다. 고려를 새롭게 하려는 뜻은 높았지만 반란군

> ✓ **고려의 신분 제도**
>
> 고려는 네 개의 신분이 세습되는 사회였습니다. 신분 계급으로 귀족과 중인, 양인과 천민이 있었는데 그중 귀족은 양반이라 일컬어지는 지배 계층이었습니다.
>
> 양반은 동반이라 칭했던 문관과 서반이라 칭했던 무관을 합쳐 이르는 말이었습니다. 이들은 국가의 요직에 나아가 나라를 운영하며 많은 권한과 힘을 행사했습니다. 중인 계급 속에는 6품 이하의 하급 관리들이 속해 있었습니다. 이들은 중앙 관청과 지방행정의 실무를 담당하며 잡다한 나라 살림을 이끌어 나갔습니다. 또한 양인 계급에 속한 이들로는 농민과 수공업자, 상인 등이 있었고, 도살업자와 재인(예술가), 뱃사공 등은 천민 계급이었습니다.

은 토벌군의 상대가 되지 못했습니다. 반란군에 가담했던 병사들은 몹시 불안해 했습니다. 그것은 묘청의 측근들도 마찬가지였습니다.

'토벌군을 이길 수 없다. 묘청의 목을 베어 항복한다면 목숨을 보존할 수 있을 것이다!'

겁에 질린 조광은 어이없게도 묘청의 목을 베었습니다. 그러나 묘청의 목을 받아든 김부식은 조광의 항복을 받아주지 않았습니다.

"반란군은 한 놈도 살려 두지 마라!"

조광은 묘청을 죽인 일을 뒤늦게 후회하고 다시 칼을 쥐었습니다.

묘청은 죽었지만 죽음을 무릅쓴 조광과 군사들의 저항은 1년 동안이나 끈질기게 계속되었습니다. 그러나 반란군은 토벌군의 총공격을 막아 내지 못하고 결국 무너졌습니다.

이로써 문벌 귀족을 몰아내고 서경에 새로운 도읍지를 세우려던 묘청의 꿈도 거품처럼 사라졌습니다. 또한 묘청의 서경 천도 운동이 실패한 고려는 개혁의 기회를 쉽사리 얻지 못했습니다.

가장 오래된 역사책 〈삼국사기〉

우리나라에서 가장 오래된 역사책은 〈삼국사기〉예요. 이 책에는 삼국 건국에서부터 신라의 멸망까지 1000년 동안의 역사가 기록되어 있어 고대사를 파악하는 데 아주 중요한 자료지요.

〈삼국사기〉는 고려 인종 때 쓰였는데, 왕의 명령에 따라 김부식과 학자 10여 명이 기록을 했어요. 총 50권으로 만들어졌고, 크게 본기 28권, 지 9권, 연표 3권, 열전 10권으로 구성되었어요.

〈삼국사기〉는 신라를 중심으로 기록되었어요. 그래서 나라를 세운 연도가 신라 · 고구려 · 백제 순서로 되어 있어요. 이중 신라 본기가 10권인 걸 보면 분량도 제일 많아요.

본기는 왕이 어떻게 나라를 다스렸는지, 외교

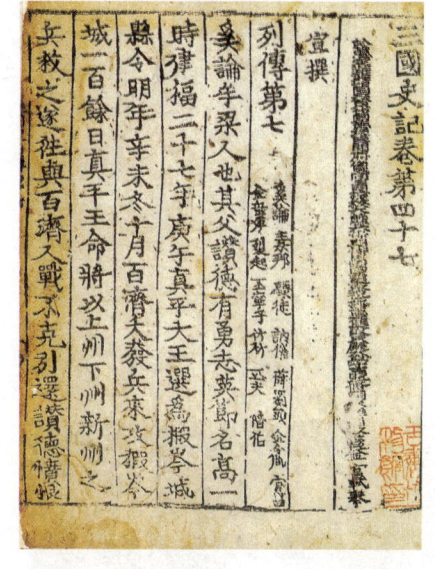

○ 〈삼국사기〉

관계는 어떠했는지 등을 다루고 있어요. 열전은 나라를 위해 충성을 바쳤던 영웅들의 이야기가 나와 있지요. 인물 가운데에는 김유신이 크게 다루어졌고, 그 외에 68명의 위대한 인물에 대한 이야기가 담겨 있어요.

하지만 〈삼국사기〉에는 아쉽게도 발해사가 빠져 있어요. 김부식이 발해를 우리 역사로 인식하지 못했기 때문이에요. 또한 통일 후 신라가 고구려의 후예인 발해와 그다지 가깝게 지내지 못했기 때문이지요. 하지만 이런 부족한 점에도 불구하고 〈삼국사기〉는 〈삼국유사〉와 함께 아주 중요한 역사 자료로 인정받고 있어요. 〈삼국사기〉는 보물 제525호로 지정되어 있답니다.

〈삼국사기〉를 펴낸 김부식에 대하여……

1075년 신라 왕실의 후예로 태어난 김부식은 13세에 아버지를 여의었으나, 열심히 공부했습니다. 그리고 형제들과 함께 과거에 합격하여 중앙 관료로 진출하였습니다. 20년 동안 한림원 등에서 벼슬에 종사하던 김부식은 묘청의 서경 천도를 진압하면서 정치 활동의 전성기를 누리게 됩니다. 벼슬에서 물러난 김부식은 인종이 보낸 관료들과 함께 〈삼국사기〉를 편찬하였고, 6년 뒤인 1151년, 세상을 떠납니다.

무신 정권 시대

이자겸의 난과 묘청의 서경 천도가 실패로 돌아간 뒤, 고려는 또다시 무신 정변을 겪게 됩니다.
문신이 중심을 이루는 귀족 사회에서 차별 대우를 받던 무신들이
정중부를 중심으로 난을 일으킨 것입니다.

◆ 고려 금동 대탑

문벌 귀족 아래에서 고려의 무신들은 온갖 괄시와 천대를 받고 있었습니다. 높은 벼슬을 나눠 가진 문신들은 군대의 최고 지휘권까지 독차지하며 무신들의 자존심마저 꺾어 놓았습니다.

무신들은 같은 직위의 문신들에게도 머리를 조아려야 했고, 문신들이 내리는 명령을 고분고분 따라야 했습니다. 심지어 나라에서 받은 땅마저 문신들에게 빼앗기는 일도 많았습니다.

무신은 제아무리 높은 벼슬에 올라도 문신의 지위에 도달할 수 없었습니다.

그저 문신들의 경호원으로 취급당하는 처지였습니다. 더구나 인종의 뒤를 이은 의종은 놀이와 잔치에만 빠져 무신들의 처지를 돌보지 않았습니다. 그 때문에 무신들의 불만은 극에 달했습니다.

그러던 1170년 8월의 어느 날이었습니다. 의종이 문벌 귀족들을 거느리고 보현원으로 나들이를 나섰을 때였습니다. 보현원에 닿기 전, 오문에 도착한 의종이 행차를 잠시 멈추었습니다.

"좋은 경치를 즐기며 잠시 쉬어 가는 게 좋겠구나. 무신들은 서로의 무예를 겨루어 보도록 하라!"

아름다운 경치에 취한 의종은 호위를 하던 무신들에게 무예 겨루기를 명했습니다. 무신들은 그다지 내키지 않았지만 임금의 명령이니 어쩔 수 없이 따라야 했습니다.

그러나 무예 겨루기가 한참 진행되던 중, 대장군 이소응이 젊은 병사에게 그만 패하는 일이 벌어졌습니다. 나이가 많았던 대장군은 젊은 병사를 당해낼 수가 없었습니다. 그런데 이 모습을 바라보던 젊은 문신 한뢰가 앞으로 나서더니 이소응의 뺨을 후려치며 말했습니다.

✓ 고려 금동 대탑

고려 시대의 중요한 문화재 중의 하나로 국보 213호입니다. 특이한 점은 건물 안에 모셔 두기 위한 장식용으로 만든 것이라는 점이지요. 높이가 155cm이며, 고려 시대 석탑 양식을 잘 보여 주고 있지요.

> ✅ **정중부**
> 고려 시대의 무신으로 무신을 학대하는 데에 불만을 품고 무신 정변을 일으켜 임금과 태자를 유배시키고 정권을 잡습니다. 김보당이 의종을 복위시키려 난을 일으키자, 이를 토벌하고 의종을 살해하였습니다. 그러나 1179년 결국 같은 무신인 경대승에게 피살됩니다.

"부끄러운 줄 아시오! 그러고도 그대가 어찌 고려의 대장군이라 할 수 있겠소이까?"

한뢰는 의종의 총애를 믿고 거들먹거렸습니다. 문신들도 오만한 한뢰를 막지 않고 오히려 대장군을 조롱하며 비웃었습니다. 그러자 한뢰의 행동에 화가 난 상장군 정중부가 크게 꾸짖으며 나무랐습니다.

"젊은 놈이 대장군의 뺨을 후려치다니 무엄하구나! 어찌 네가 대장군에게 모욕을 줄 수 있단 말이더냐!"

분위기가 싸늘해지자 의종이 정중부를 말리며 나섰습니다.

"놀이를 즐기다 그런 것인데, 상장군이 이해하시오."

정중부는 끓어오르는 화를 가까스로 억눌렀습니다. 더 이상 불미스러운 일은 벌어지지 않았지만 그동안 억눌렸던 무신들의 분노는 이미 활활 불타오르기 시작했습니다.

"괄시와 천대는 참을 만큼 참았소이다. 이제 썩어 빠진

문신들을 요절 내고 무능한 왕을 갈아 치워야 하오!"

그날 밤, 정중부는 고려의 역사를 송두리째 뒤흔들 무신 정변을 계획했습니다. 이의방, 이고를 비롯한 무신들은 정중부와 뜻을 함께 하며 반란을 일으켰습니다.

"네 이놈, 한뢰야. 네가 살기를 바라느냐!"

정중부는 도망치는 한뢰와 문신들을 모조리 죽이고 말을 달려 개경으로 밀어닥쳤습니다.

"문신이라면 아무리 낮은 벼슬아치라도 살려 두지 마라!"

무신들이 분노의 칼을 휘두를 때마다 고려 조정은 피로 물들었습니다. 무신 정변을 일으켜 순식간에 권력을 잡은 정중부는 곧바로 의종을 폐위하고 명종을 왕위에 앉혔습니다.

차별 대우를 받으며 분노를 삭혀 왔던 무신들은 높은 벼슬을 모조리 차지하였습니다. 그리고 중방을 세워 나랏일을 마음대로 처리하기 시작했습니다. 문신들의 세상이 하루아침에 무신들의 세상으로 돌변한 것이었습니다.

세상이 바뀌었지만 백성들의 삶은 전과 다를 게 없었습니다. 무신들은 문벌귀족과 문신들이

✅ 의종과 폐왕성

고려의 18대 임금인 의종은 어릴 때부터 놀이를 좋아했어요. 특히 격구를 지나치게 좋아하여 틈만 나면 내시들과 시합을 벌였지요. 어떤 날에는 나흘 동안이나 격구를 즐기느라 편전에도 나가지 않았어요. 이처럼 정사를 등한시하던 의종은, 무신 정변으로 강제로 폐위되어 거제도로 유배를 떠났지요. 그후 거제도에 폐왕성을 쌓고 추종자들을 모아 복위를 노렸으나, 끝내 이의민에게 살해됩니다.

◉ 폐왕성(거제도)

> **채식을 하는 고려 사람들**
>
> 고려 시대에는 채소를 이용한 음식을 많이 먹었어요. 당시 종교였던 불교에서 살생을 금했기 때문이지요. 고기를 이용한 음식이 줄면서 쌈, 무침, 국 등의 채식을 즐겨 먹었습니다. 채소만 있으면 밥상이 허전하겠다고요? 아니에요. 잎이 넓은 야채를 이용해서 쌈을 먹을 수도 있었고, 소금으로 간을 한 산나물을 이용해 국을 끓여 먹을 수도 있었어요. 건강에도 무척 좋았지요. 또한 밥을 먹고 차를 마시는 습관이 유행하여 송나라에서 고급 차를 수입하기도 했답니다.

저질러온 악행을 바로잡는 일보다 권력을 독차지하기 위한 자리다툼에 빠져 있었습니다.

"이고가 음모를 꾸미는구나. 당하기 전에 먼저 없애야겠다!"

누구보다 권력 욕심이 강했던 이의방은 이고를 제거한 뒤, 정중부와 맞서기 위해 자신의 딸을 태자비로 만들었습니다. 그러나 정중부는 호락호락 권력을 내줄 인물이 아니었습니다.

"이의방이 권력을 혼자 움켜쥐려 하는구나. 가만둘 수 없다!"

정중부는 때마침, 조위총이 무신 정변에 반기를 들고 난을 일으키자 기회를 노렸습니다. 그리고 이의방으로 하여금 조위총의 난을 진압하게 하였습니다. 정중부는 일을 마치고 돌아오던 이의방을 죽이고 문하시중 벼슬에 올랐습니다.

최고의 벼슬자리를 차지한 정중부는 달콤한 권력의 맛에 취해 갔습니다. 정중부의 아들과 사위 역시 높은 관직에 올라 못된 짓을 함부로 저질렀습니다. 정중부 일가의 악행이 계속되었지만 고려 조정은 그들을 막아 낼 힘이 없었습니다.

"정중부의 악행이 하늘을 찌르고 있소. 그의 아들 정균도 공주에게 장가를 들겠다고 억지를 부리니 차마 눈뜨고 볼

◐ 고려 시대의 동전.
동국통보(위), 삼한통보(아래)

수 없을 지경이오!"

곳곳에서 정중부에 대한 원성이 들끓자, 젊은 장군이었던 경대승이 정의를 바로 세우기 위해 나섰습니다. 경대승은 정중부를 없애고, 그의 심복이던 이의민도 멀리 쫓아 버렸습니다.

"문신들도 관직에 고루 기용해야 할 것이오."

권력을 잡은 경대승은 문신들을 우대하는 정책을 펼쳤습니다. 그러나 경대승의 정책은 화를 불러오고 말았습니다. 경대승의 정책에 반대하는 무신들은 당장이라도 난을 일으킬 기세였습니다.

신변의 위협을 느낀 경대승은 사병 집단인 도방을 만들어 자신을 보호했습니다. 그러나 경대승은 권력을 잡은 지 4년 만에 병으로 죽고 말았습니다.

권력자가 갑자기 세상을 떠나자, 경주로 쫓겨 갔던 이의민에게 기회가 찾아왔습니다. 노비 출신이었지만 정중부의 눈에 띄어 벼슬길에 올랐던 이의민은 개경으로 돌아와 단숨에 권력을 움켜잡았습니다.

이의민은 정중부보다 더한

> **도방**
> 경대승이 조직한 사병집단이에요. 이전에도 유력한 장수들은 사병을 가지고 있었지만, 이것을 조직화하여 기구로 만든 것이 바로 경대승이지요. 도방은 경대승이 사망한 후 해체되었다가 최충헌에 의해 아주 큰 규모로 다시 재건되어 개인(최충헌)의 신변보호 역할은 물론 최충헌의 권력을 유지하는 기구로 역할을 하게 됩니다. 이후 무신정권이 몰락하자 도방도 자연스럽게 해체됩니다.

○ 고려 시대 강화 지도
(강화역사박물관)

✅ **아들딸 구분 안 한 고려**

고려는 다른 시대에 비해 여자들의 권리가 높았어요. 부모의 유산도 자녀에게 골고루 분배되었지요. 아들이 없으면 딸이나 사위가 맡았으며 공을 세우면 부모는 물론 장인, 장모까지 함께 상을 받았다고 하네요.

✅ **고려의 조세 제도**

평민들은 자신이 소유한 땅에서 나오는 수확물은 1/10, 관청 또는 타인의 땅에서의 수확은 1/2, 국가의 땅에서 수확의 1/4을 조세로 바쳐야 했습니다. 이밖에도 특산물을 주기적으로 또는 수시로 거두었고, 남자(16~60세)는 병역 의무가 있어 전쟁이나 토목 공사 등에 동원되었습니다.

악행을 일삼았습니다. 권력의 힘을 이용해 뇌물을 받고 벼슬을 파는 것은 물론, 백성들의 재산과 노비와 땅을 마음대로 빼앗았습니다. 조정 대신들과 백성들의 원성이 터져 나왔지만 이의민은 아랑곳하지 않았습니다.

"천민 출신의 이의민은 정중부와 이의방보다 더 지독하고 탐욕스런 자요. 그를 살려 둔다면 언제 화를 당할지 알 수 없소!"

무신들 가운데 이름이 높았던 최충헌은 때를 기다렸습니다. 권력자들이 악행을 저지르며 스스로 무너지는 모습을 보았던 최충헌은 어리석지 않았습니다. 무신들과 교분을 쌓고 소외된 문신들과도 좋은 관계를 유지하며 기회를 엿보았습니다.

마침내 때가 무르익었다고 판단한 최충헌은 동생 최충수와 함께 거사를 일으켰습니다. 최충헌은 이의민을 없애고 권력을 움켜쥐었습니다(1196년). 뿐만 아니라 명종 임금을 몰아내고 왕민(신종, 20대)을 새 임금으로 내세워 왕권까지 손에 넣었습니다.

이제 권력 싸움은 최씨 형제의 싸움으로 번졌습니다.

최충수가 태자비를 내쫓고 자신의 딸을 태자비로 세우려 한 일이 발단이 되었습니다. 물론 최충헌은 그 일을 만류했지만, 최충수는 포기하지 않았습니다. 이에 최충헌은 마침내 수하를 이끌고 최충수를 공격해 그와 수하들을 살해했습니다.

그럼에도 권력에 대한 최충헌의 야심은 멈추지 않았습니다. 일인 독재 권력을 닦아 놓은 최충헌은 궁궐보다 화려한 집을 지었습니다. 또 많은 세금을 거둬들이며 불만을 터뜨리는 사람들을 찾아내 목을 베었습니다. 권력을 누리는 동안, 최충헌은 다섯 명의 왕을 제 마음대로 바꾸었습니다.

최충헌이 죽은 뒤에는 그의 아들 최우가 뒤를 이어 권력을 물려받았습니다. 1231년 몽골의 침입을 받은 최우는 강화도로 도읍을 옮겼으며 여전히 막강한 권력을 누렸습니다. 육지에서는 처절한 싸움이 계속되었지만 최우는 권력 유지에만 급급했습니다.

그러나 최우가 숨을 거두며 최씨 정권도 몰락의 길로 접어들었습니다. 최항과 최의로 이어진 최씨 정권은 최의가 심복에게 암살 당하면서 끝이 났습니다.

최의의 죽음으로 4대에 걸쳐 60년 동안 지속되던 최씨 정권은 막을 내렸습니다.

> **내소사 고려동종**
>
> 불교를 숭상했던 고려는 사찰을 널리 짓고, 여러 불교 문화재를 남겼답니다. 동종 역시 많이 주조했는데 내소사에 남아 있는 동종은 고려 시대의 동종 양식을 아주 잘 보여 줍니다. 현재 보물 277호이며, 높이가 103cm, 입지름이 67cm입니다.

◐ 내소사 고려동종

무신 정권 시대

노비 만적의 난
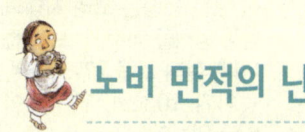

무신의 난 이후, 고려에서는 농민과 천민들의 봉기가 끊이지 않았습니다. 그 전부터 문벌 귀족들의 갖은 수탈과 횡포에 억눌렸던 백성들은 권력 다툼에 빠진 무신들의 착취가 더욱 심해지자 더 이상 견딜 수가 없었습니다.

충청도와 전라도 일대에서 불붙기 시작한 봉기는 경상도 지역으로 뻗어 나가며 전국으로 확산되었습니다. 1176년, 공주 명학소에서 봉기를 일으킨 망이·망소이의 난과 1193년, 경상도 일대에서 일어난 김사미와 효심의 난은 부패한 관리들과 관청을 공격한 농민과 천민의 난이었습니다.

이처럼 농민과 천민들이 전국적으로 봉기를 일으키자, 개경의 노비들도 가만있지 않았습니다. 1198년, 최충헌의 노비였던 만적은 개경의 노비들을 은밀하게 모았습니다.

"무신들은 난을 일으켜 높은 벼슬을 마음대로 차지하였소. 무신들 중에는 우리처럼 천한 노비 출신도 아주 많소이다. 천한 노비도 무신이 되어 벼슬길에 오르는 세상이오. 어찌 하늘 아래 왕후장상의 씨가 따로 있을 수가 있단 말이오. 힘을 모아 살 길을 찾읍시다!"

노비들의 힘을 하나로 모은 만적은 5월 17일을 거사일로 정했습니다.

하지만 흥국사로 달려온 노비는 불과 수백 명에 지나지 않았습니다. 모인 숫자가 적어 승산이 없다고 판단한 만적은 거사를 뒤로 미룰 수밖에 없었습니다. 그러나 만적은 끝내 봉기를 일으킬 수 없었습니다. 두려움에 빠진 한충유의 노비가 주인에게 고자질을 하는 바람에 모든 것이 드러났던 것입니다. 거사가 발각된 만적과 백여 명의 노비들은 밧줄에 꽁꽁 묶인 채 강물에 던져졌습니다.

비록 실패로 돌아갔지만, 만적의 거사는 신분 차별을 극복하고 노비에서 벗어나려고 했던 역사적인 신분 해방 운동이었습니다.

세계 최초의 금속 활자

고려는 출판 기술이 매우 발달한 나라였습니다.

불교를 국가의 기본 사상으로 받아들여 화려한 문화를 꽃피웠던 고려는 불교의 힘을 빌려 외적의 침입을 막고자 했습니다. 현종 대에는 거란의 침입을 막고자 〈초조대장경〉을 목판 인쇄로 제작했고 숙종 대에는 대각 국사 의천이 〈속장경〉을 만들었습니다. 그중에서도 1251년, 몽골의 침략 속에서 완성한 〈팔만대장경〉은 호국불교의 정수라 할 수 있었습니다.

뿐만 아니라 〈칠대실록〉, 〈속편년통제〉, 〈삼국사기〉, 〈삼국유사〉를 비롯한 다양한 역사서와 장경을 편찬해 널리 보급했습니다. 특히 1234년에 편찬한 〈상정고금예문〉은 1450년경에 발명된 독일의 구텐베르크 금속 활자보다 무려 200여년이나 앞서는 세계 최초의 금속 활자 인쇄본이었습니다. 고려 시대의 문장가로 이름을 떨친 이규보의 저서 〈동국이상국집〉에는 〈상정고금예문〉이 금속 활자로 인쇄되었다는 내용이 기록되어 있습니다. 그러나 안타깝게도 〈상정고금예문〉은 오늘날까지 전해지지 않습니다.

현재 세계에서 가장 오래된 금속 활자 인쇄본으로 알려진 것은 〈백운화상초록 불조직지심체요절〉입니다. 〈직지심경〉으로 더욱 유명한 이 책은 현재 프랑스 파리의 국립 도서관에 소장되어 있습니다. 〈직지심경〉은 1377년, 우왕이 충청도 청주의 흥덕사에서 주조한 금속 활자로 인쇄한 것으로, 이 또한 구텐베르크의 금속 활자보다 70여 년 앞선 것입니다. 하지만 구한말 서구 열강들이 한반도에서 다툼을 벌일 무렵, 프랑스의 손으로 넘어간 〈직지심경〉은 하권만이 남았으며, 프랑스 국립 도서관에 있어 여전히 우리나라 학자들의 손길이 뻗치지 못하고 있습니다.

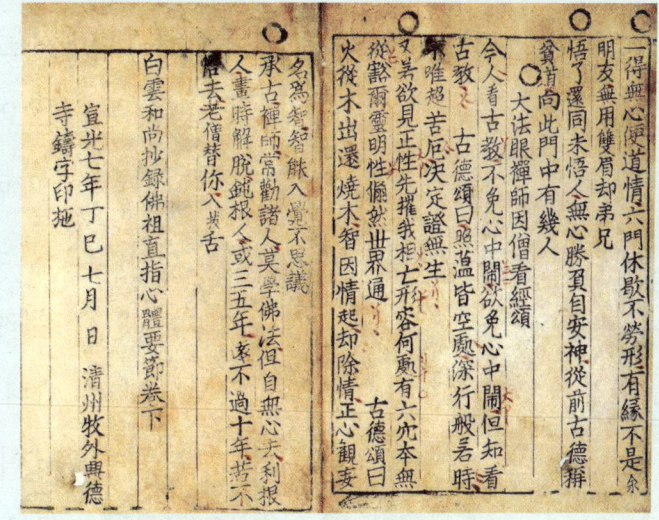

○ 〈직지심경〉

꼬리에 꼬리를 무는 몽골과의 전쟁

몽골은 고려에서 사신 저고여를 죽였다며 고려 침략의 구실을 만들었습니다.
몽골의 장수 살리타와 군사들은 즉시 고려를 향해 칼을 휘둘렀지만 고려는 결코 만만한 나라가 아니었습니다.
고려의 군사는 물론 백성들까지 힘을 합쳐 몽골을 내몰았습니다.

전쟁의 시작, 의문의 살인 사건

 1221년 가을이었습니다. 고려의 조정에 몽골의 사신 저고여가 나타나 행패를 부리고 있었습니다. 저고여는 몽골 황제의 국서를 내밀어 보이더니 들고 있던 보따리를 고종 앞으로 휙 내던졌습니다. 참으로 예의 없는 행동이었지요.

 "허허. 저런 못된 자가 있나. 어찌 폐하 앞에서 그런 무례한 행동을 한단 말이오? 그리고 이 앞에 내던진 보따리는 또 무엇이오?"

 고려의 대신들은 저고여의 무례한 행동을 나무라며 물었습니다.

 "이건 지난번에 고려에서 우리 몽골로 보낸 선물이오. 하지만 너무나 보잘것없어서 그냥 돌려주려고 가져 왔소이다."

고려 신하의 물음에 저고여는 기다렸다는 듯이 쏘아붙였습니다.

저고여는 불만이 많았습니다. 얼마 전에도 고려에서 선물을 보낸 적이 있는데, 그중에 불량품이 아주 많았기 때문입니다. 당시 고려의 상황은 그럴 수밖에 없었습니다. 무신들은 나랏일은 나 몰라라 하고, 재물만을 탐내며 좋은 물건만 있으면 몰래 빼돌리기를 일삼았기 때문입니다.

아무리 그렇다고 해도 저고여의 행동은 너무나 무례했습니다.

◐ 13세기 초 동아시아를 휩쓴 몽골족의 우두머리인 칭기즈 칸과 그의 인척들을 그린 그림

저고여는 거기서 멈추지 않았습니다. 몽골 황제의 국서를 전달한다는 핑계로 함부로 대전(임금이 앉는 높은 윗자리예요. 고려 대신들도 특별한 일이 아닌 경우에는 오르지 못하는 곳이지요)에까지 올라가 국서를 읽는 등 행패를 부렸습니다.

그러나 고려로서는 두고 볼 수밖에 없었습니다.

칭기즈 칸이 황제가 된 이후, 몽골은 세계 정복을 꿈꿀 정도로 아주 힘 센 나라가 되어 있었기 때문입니다.

✔ 한국? 칸국?

몽골 제국을 한국이라 부른다고요? 그것은 차가타이 칸국, 킵차크 칸국 등 몽골이 정복 후 세우는 나라를 '칸국'이라고 부르는 것과 혼동한 것입니다. 몽골어로 칸은 부족장을 의미하며, 이것이 한자로는 '한(汗)'으로 표기되기 때문이지요.

↑ 칭기즈 칸

✓ 칭기즈 칸

세계 역사적으로 기록을 남긴 정복 왕. 몽골 제국의 1대 왕으로 본명은 테무친입니다. 유목민 부족으로 나뉘어 있던 몽골을 통일하고, 몽골의 영토를 중국에서 아드리아 해까지 확장시켰습니다. 재위 기간은 1206년~1227년입니다.

그런데 문제는 그 다음에 일어났습니다. 저고여가 1225년, 또 한 차례 고려에 왔다가 돌아가는 길에 누군가에게 죽임을 당한 것입니다.

몽골에서는 고려에서 저고여를 죽였다며 책임을 물었습니다.

"저고여는 고려의 국경을 건너자마자 살해되었소. 주변 사람들의 말이 고려 군사 복장을 한 사람들의 소행이었다고 하오. 고려는 마땅히 이에 대한 책임을 져야 할 것이오."

몽골 사람들은 고려 사람들이 몽골을 야만스러운 나라로 여기고 있다는 사실에 불만이 컸기에 고려를 더욱 의심했습니다.

하지만 고려 조정에서 추측해 볼 때, 저고여를 살해한 것은 거란족이었습니다. 거란족은 그동안 몽골에 짓밟히고 쫓겨 다니다가 고려의 백성이 되어 살기를 희망했습니다.

그럼에도 고려에서는 거란족을 받아 주지 않았습니다. 오히려 몽골과 힘을 합해 거란족을 내쫓았습니다. 거란은 이런 고려의 행동에 반감을 품고, 몽골의 사신을 죽여 고려와 몽골 사이를 갈라 놓으려 했던 것입니다.

그러나 몽골은 이런 주장을 믿지 않았습니다. 속으로는

오히려 고려를 침략할 수 있는 구실이 생겼다고 좋아했습니다.

이 사건 직후, 몽골은 고려와의 국교를 끊어 버렸습니다.

그리고 얼마 뒤, 새 황제로 등극한 칭기즈 칸의 셋째 아들 오고타이가 장수 살리타를 불러 명령했습니다.

"살리타는 즉시 고려를 정벌하라!"

귀주성 싸움

저고여가 피살된 지 6년 만인 1231년의 일입니다. 몽골의 장수 살리타는 대군을 이끌고 압록강을 넘었습니다. 몽골군은 압록강 근처의 모든 마을을 쑥대밭으로 만들고 의주를 포위해 조숙창과 김한의 항복을 받아 냈습니다.

그리고는 조숙창을 앞잡이로 내세워 곧바로 철주성을 손에 넣었습니다. 그 뒤 몽골군은 귀주성을 향해 진격했습니다.

귀주성에는 김경손 장군과 박서 장군이 살리타를 기다리고 있었습니다.

"고려의 병사들은 들거라. 만일 귀주성을 잃게 되면 개경이 무너지는 것은 시간 문제다. 목숨 걸고 몽골군을 물리쳐라!"

✓ **귀주성**

귀주성은 강동 6주의 하나로, 개경으로 가는 길목을 지키는 중요한 성입니다. 강감찬 장군이 거란군을 물리친 귀주 대첩 역시 귀주성 동쪽에서 벌어졌던 것입니다.

○ 귀주성 동문 터

김경손의 외침에 용기를 얻은 고려의 군사들은 쉬지 않고 공격해 오는 몽골군을 맞아 꿋꿋하게 버텨 냈습니다.

금방 무너진 철주성과 달리 귀주성은 쉽사리 무너지지 않았습니다. 그 때문에 단숨에 싸움을 끝내려던 살리타도 당황했습니다.

살리타는 작전을 바꾸었습니다. 살리타는 자신의 병사들 중에서 특히 잘 싸우는 병사들을 따로 골라 귀주성을 공격하게 했습니다.

하지만 그런다고 성을 빼앗길 고려군이 아니었습니다.

살리타의 작전을 눈치 챈 김경손은 즉시 자신이 아끼는 병사를 이끌고 직접 성 밖으로 나가 살리타의 결사대를 단박에 부숴 버렸습니다.

"으음. 고려군이 이토록 강하단 말인가? 하는 수 없이 사람을 보내 달래야겠군."

살리타는 자신이 사로잡은 고려의 장수 박문창을 김경손에게 보냈습니다.

박문창은 즉시 김경손에게 달려가 말했습니다.

"김경손 장군. 그대가 항복한다면 목숨만은 살려 준다고 하였소. 어서 성문을 열고 무릎을 꿇으시오."

그러나 이 말을 들은 김경손은 칼을 높이 쳐들고 박문창을 향해 외쳤습니다.

"허허, 이런 몹쓸 놈! 제 목숨을 건지려고 나라를 버리다니, 그러고도 네가 장수란 말이냐? 차라리 죽음으로써 임금께 충성을 다 하라!"

김경손은 즉시 박문창의 목을 베었습니다. 그리고 잘린 머리를 몽골의 장수 살리타에게 되돌려 보냈습니다. 그것을 본 살리타는 화가 머리 꼭대기까지 치밀어 올라 총공격을 명령했습니다.

"전군 공격하라!"

또다시 몽골군의 거친 공격이 시작되었습니다.

몽골군은 성벽 사방에 사다리를 걸치고 기어오르기 시작했습니다. 성 안으로 불화살이 쏟아져 들어왔습니다.

물론 지켜 보고만 있을 고려군이 아니었습니다. 고려군은 뜨거운 쇳물을 내리부어 몽골군을 쫓았습니다. 무기가 떨어진 고려 병사들은 돌을 던져 몽골군의 머리통을 깨뜨렸습니다. 이러한 저항 덕분에 귀주성은 조금의 흔들림도 없었습니다.

살리타는 성벽 아래로 몰래 땅굴을 파 보기도 했지만 그것 역시 박서 장군의 병사들에게 발각되었습니다.

✅ 강화도의 최우 정권

몽골의 무리한 요구가 이어지자 최우 정권은 몽골과의 전쟁을 생각하고, 강화도로 천도하였습니다. 물에 약한 몽골의 약점을 이용하기 위해 강화도로 옮긴다고 했으나 사실상 집권층의 도피와도 같았습니다. 최우는 강화도로 옮길 때 100여 개의 수레로 재산을 옮겼으며 실제 본토 백성들에게는 별다른 대책도 세워 주지 않고 떠났다고 합니다. 뿐만아니라 최우는 자신의 사병을 전쟁에 동원하지도 않고 정권 유지에만 급급했습니다.

'수없이 많은 싸움을 해 보았지만 이토록 꿋꿋이 버티는 군사들은 본 적이 없도다. 이렇게 싸우다가는 오히려 우리가 패하리라.'

살리타는 이내 군사를 돌렸습니다. 귀주성을 포기하지 않으면 안 될 것 같았습니다.

"귀주성에서 물러나라. 몽골의 군사들은 즉시 말을 돌려 개경(지금의 개성)으로 진격하라!"

살리타는 개경으로 향했습니다.

'필시 이 귀주성을 막아 낸 장수들은 나중에 큰 벼슬을 하게 되리라.'

살리타는 허물어지지 않는 귀주성을 바라보며 혼자 중얼거렸습니다.

과연 살리타의 말대로 김경손과 박서는 먼 훗날 최고의 벼슬에 올랐습니다.

⬇ 강화도의 고려 궁궐(터)

몽골군은 개경까지 몰려왔다가 다루가치(몽골이 고려에 내정 간섭을 할 목적으로 설치한 벼슬자리)만 남기고 돌아갔습니다. 물론 그것이 전쟁의 끝은 아니었습니다.

김윤후, 적장 살리타를 쏘다

몽골의 1차 침입 이후, 고려 왕실이 도읍을 강화도로 옮겨 항전 태세를 갖추자 살리타는 고려에 사신을 보내 협박하기 시작했습니다.

"고려의 국왕은 들으시오. 만약 강화도에서 개경으로 돌아오지 않는다면 우리 몽골군은 고려를 전부 잿더미로 만들어 버리겠소."

그러나 고려의 조정은 움직이지 않았습니다. 어떻게 해서든지 몽골의 침입을 막을 방법만 궁리했습니다.

이런 사실을 눈치 챈 살리타는 개경 남쪽의 땅까지 짓밟기 시작했습니다. 두 번째 침입을 한 것입니다.

임진강을 건넌 살리타의 몽골군은 순식간에 처인성(경기도 용인과 안성 사이에 있던 성)에 도달했습니다. 살리타는 의기양양하게 소리쳤습니다.

> **만두의 기원**
>
> 우리가 즐겨 먹는 만두는 고려 때 중국에서 들어왔어요. 촉나라 제갈공명이 멀리 남만을 정벌하고 돌아오는 길에 심한 태풍을 만나 강을 건널 수 없게 되었어요. 이때 한 사람이 "사람의 머리를 제물로 바쳐야 강을 건널 수 있다."고 충고하였지요. 제갈공명은 사람 대신 양고기를 밀가루 반죽으로 싸서 사람의 머리처럼 빚어 제사를 지냈어요. 그리고 무사히 강을 건넜다고 합니다. 이때 만들어진 음식을 '만두'라고 부르게 되었지요.

🔺 처인성 싸움 기록화

"몽골의 병사들은 들으라! 처인성만 빼앗으면 고려의 남쪽은 곧 우리의 것이 된다. 진격하라!"

당시 처인성은 김윤후가 지키고 있었습니다. 김윤후는 원래 스님으로 틈틈이 무술을 익혀 오고 있었습니다. 그러다 몽골이 고려를 침략하자 인근의 백성들을 끌어 모아 스스로 지도자가 되었습니다.

"백성들이여! 지금 나라에는 믿을 만한 사람들이 하나도 없소. 장수들은 항복하여 목숨을 부지하기 바쁘고, 신하들은 도망치기 바쁘니 우리 땅은 우리 스스로 지켜야 하오. 나

 처인성

처인성은 일찍부터 교통이 발달하여 역사적으로 중요한 위치였습니다.
김윤후 장군이 몽골군과 싸웠던 처인성은 현재 경기도 용인에 있습니다. 당시 이곳은 '처인부곡'으로 불렸으며 이곳에 살던 백성들이 처인성 싸움에 많이 참여했다고 합니다. 성 맞은 편에 말안장 모양의 야산이 있는데, 이곳에서 살리타가 전사했다고 전해집니다.

라를 지키고자 하는 자는 모두 나를 따르시오."

김윤후는 민병들을 이끌고 처인성으로 들어갔습니다. 그리고 몽골군의 공격을 기다렸습니다.

이윽고 살리타가 처인성으로부터 십리 밖에 당도했을 무렵이었습니다. 부하로부터 보고를 받은 김윤후는 병사 일부를 이끌고 동쪽 문 밖으로 내달렸습니다. 성문으로부터 삼백여 미터쯤 떨어진 곳에 다다른 김윤후는 숲 속에 숨어서 살리타가 지나기를 기다렸습니다.

얼마 뒤, 살리타의 정찰병이 먼저 모습을 드러냈고, 그 뒤를 성질 급한 살리타가 뒤따랐습니다. 살리타가 조금 더 가까이 다가왔을 때, 김윤후는 숨어 있던 병사들을 향해 외쳤습니다.

"지금이다! 활을 쏴라!"

명령이 떨어지기 무섭게 숨어 있던 병사들이 일제히 일어나 활을 쏘아 댔습니다.

앞서 달리던 몽골의 정찰병들이 나뭇잎처럼 쓰러졌고, 이제 화살은 살리타를 향해 일제히 날아갔습니다.

"앗! 막아라. 화살이 장군님에게 날아온다."

✓ 김윤후

승려였던 김윤후가 백성들과 함께 힘을 모아 몽골군을 무찌르자 고려의 조정에서는 그에게 '상장군'이라는 벼슬을 내렸어요. 하지만 김윤후는 혼자만의 공이 아니라며 사양하였지요. 대신 조정에서는 처인부곡(처인성이 있던 곳)을 처인현으로 승격시켰답니다. 훗날 김윤후는 정식으로 충주산성의 방호별감에 임명되었고, 몽골의 5차 침입 때에도 군민과 함께 위기에 빠진 충주성을 지켜냈습니다. 나중에는 동북면 병마사를 거쳐 수사공 우복야의 벼슬을 받은 뒤, 물러났습니다.

대몽항쟁전승기념탑(충주)

뒤늦게 눈치 챈 몽골 군사가 살리타를 보호하려 했지만, 이미 화살 한 촉이 살리타의 가슴을 향해 날아들고 있었습니다.

"아악!"

살리타는 비명을 지르며 말에서 떨어져 내렸습니다. 화살은 멈추지 않았습니다. 뒤이어 날아온 화살이 살리타의 목과 배, 머리에 꽂혔습니다.

살리타를 도우려던 몽골 병사들도 고려군의 빗발치듯 쏟아지는 화살을 맞고 무더기로 쓰러졌습니다.

"몽골 장군이 죽었다!"

"김윤후 장군이 적장을 쓰러뜨렸다! 이제 몽골 놈들을 몰아내자!"

사기가 오른 고려의 민병들은 누가 먼저랄 것도 없이 다가오는 몽골군을 향해 활을 쏘고 창을 던졌습니다.

의기양양하던 몽골군은 살리타가 죽자 어떻게 싸워야 할지 모른 채 우왕좌왕하기 시작했습니다.

🔺 몽골군 전투 모습을 그린 그림

"후퇴하라! 후퇴하라!"

살아남은 몽골의 장수들은 달아나기 시작했습니다. 몽골군의 2차 침략은 그렇게 막을 내렸습니다. 김윤후의 지혜로 몽골군을 물리친 것입니다. 하지만 아직 기뻐하긴 일렀습니다.

몽골의 침략 후, 무슨 일이 있었을까?

몽골의 군사들은 아주 잔인하기로 이름 나 있었어요. 고려를 침략하기 전, 서쪽으로 영토를 넓혀 가면서 포로들의 귀와 코를 자르고 목을 잘라 산더미같이 쌓아 놓는 일도 있었지요. 고려를 침략한 몽골군은 고려의 병사들뿐만이 아니라 부녀자나 아이들까지 잔인하게 죽였는데, 밤에 불을 켤 기름이 떨어지자 고려 사람들을 산 채로 잡아 기름을 짰다는 소문이 퍼질 정도였어요.

황룡사 복원 모형

뿐만 아니라 몽골의 병사들은 눈에 보이는 것은 무엇이든 불사르고, 파괴하고 강제로 빼앗았지요. 특히 고려의 병사들이 끈질기게 저항하자 그에 대한 보복으로 황룡사와 같은 우리의 소중한 문화재까지 서슴없이 불태우는 잔인함을 보였어요. 전쟁이 끝난 뒤에는 농사 지을 만한 땅이 없어서 한동안 수많은 고려인들이 굶어죽는 일이 생겨났지요.

나라의 재원도 바닥을 드러냈어요. 몽골 사람들은 휴전을 할 때마다, 이후에 전쟁을 끝낼 때에도 엄청난 물품을 공물로 요구했는데 말이나 베는 물론이고 금과 은, 인삼을 비롯한 수많은 특산물이 남아나질 않았지요. 이 때문에 고려의 평민들은 더더욱 힘든 생활을 해야 했답니다.

삼별초의 항쟁

몽골의 계속되는 괴롭힘에 고려의 임금인 원종은 결국 그들의 요구를 들어주었습니다.
그럼에도 불구하고 몽골과 싸울 의지를 버리지 않은 사람들이 있었으니 그들이 바로 삼별초입니다.

살리타가 김윤후의 화살에 맞아 죽은 지 3년이 되던 해, 몽골군은 장수 당올태를 앞세워 다시 고려의 땅을 짓밟았습니다.

이때 몽골은 황룡사 9층 목탑을 불살랐고, 대구 부인사에서 보관하고 있던 대장경판도 불살랐습니다.

이때부터 고려는 외적의 침입을 불법의 힘으로 막겠다는 의지로 팔만대장경을 만들기 시작했습니다.

하지만 그런 노력에도 불구하고 몽골은 또 고려를 침략했습니다.

1247년의 일로, 네 번째 침략입니다. 고려의 임금이 입조(고려의 임금이 몽골의 임금 앞에 나가 인사하는 것을 말해요)하지 않는다는 것이 이유였습니다.

그리고 연이어 1251년, 몽골군은 고려 왕의 출륙환도(왕이 육지로 나오고 도읍을 원래대로 옮기라는 뜻)를 요구하며 다섯 번째 침략을 개시했습니다. 선봉을 맡은 몽골의 장수 차라다이는 다른 어떤 장수보다 잔인했습니다. 차라다이는 개경 부근에 머물면서 고려의 마을 곳곳을 불태웠고, 약탈을 멈추지 않았습니다. 고려의 백성들이 조금이라도 저항하면 가죽을 벗기거나 팔 다리를 절단하기도 했습니다. 당시 약 20만 7천 명에 가까운 사람들이 포로로 잡혀 갔고, 죽은 사람은 그 배가 넘었습니다.

차라다이는 죄 없는 백성을 그렇게 무참히 해친 이후, 비로소 군사를 돌려 제 나라로 돌아갔습니다.

하지만 끝이 아니었습니다. 몽골은 그 이후에도 세 번이나 더 침략해 들어와 모두 여덟 차례

> ### ✅ 원종과 원 세조
>
> 1259년 4월, 고려와 몽골 사이에 화의가 성립되자, 고려 태자 식(훗날 원종)은 고종 임금을 대신하여 몽골의 황제를 만나기 위해 몽골로 떠납니다. 때마침 몽골은 왕이 죽고 아우들끼리 싸움을 벌이고 있었는데 원종이 쿠빌라이에게 조공을 바치자, "당태종 이래 굴복시키지 못한 고려의 태자가 스스로 찾아온 것은 하늘의 뜻이다."라며 기뻐했다고 합니다. 그 후 쿠빌라이가 원을 세우게 되어 당시 태자였던 원종과 원 세조의 유대 관계가 강해집니다.

에 걸쳐 고려를 쑥대밭으로 만들었습니다.

마침내 고려의 새 임금 원종(24대, 1259년 즉위)은 몽골 황제를 만나고 온 뒤 항복을 결심했습니다.

'아아, 이러다가는 고려의 모든 땅에서 풀 한 포기 자라지 않겠구나. 항복하여 전쟁을 끝내는 것이 백성들에게도 이로우리라.'

원종은 도읍을 다시 개경으로 옮겼습니다.

몽골에서 요구한 항복의 첫 번째 조건이 개경으로 다시 도읍을 옮기는 것이기 때문이었습니다.

그러나 이런 원종의 뜻을 거부하고 끝까지 싸우기를 다짐한 사람들이 있었습니다. 바로 삼별초입니다.

"원통한 일이오. 끝까지 싸워 몽골군을 완전히 물리친 뒤 떳떳하게 개경으로 돌아가려 하였건만……. 임금이 항복을

하였다 해도 우리는 끝까지 남아 싸웁시다."

삼별초의 지휘자 배중손은 부하 장수들을 모아 놓고 말했습니다.

원종은 삼별초 장수들에게 여러 차례 신하를 보내 개경으로 돌아오라고 설득했습니다. 그러나 삼별초는 그때마다 거부했습니다.

"이미 우리의 명부(누가 삼별초인지, 계급은 무엇이고 어떤 역할을 했는지 등이 자세히 적혀 있는 책이에요)가 몽골군의 손에 넘어갔으니 우린 개경으로 돌아간다 하더라도 죽을 것이오. 그럴 바에야 몽골 놈들과 원 없이 싸우다 죽겠소."

결국 배중손을 비롯한 삼별초는 강화도에 남은 사람들을 모아 싸울 의지를 더욱 굳게 다졌습니다.

그리고는 왕족인 '승화후 온'을 새 고려 임금으로 추대한 뒤, 그 근거지를 진도로 옮겼습니다. 몽골군은 해전에 약하기 때문에 그 점을 이용하려는 전략이었습니다.

한편, 이 소식을 들은 고려의 조정과 몽골군 진영에서는 삼별초를 토벌하라는 명령이 떨어졌습니다.

"토벌 대장에 김방경을 임명하노니, 그대는 즉시 나아가 삼별초를 토벌하고 죄인들을 잡아들이도록 하라."

삼별초가 뭐예요?

삼별초는 처음에 최씨 정권을 유지하기 위해서 만든 조직이었습니다. 최씨 정권은 도둑 문제를 해결하기 위해 밤에 순찰을 도는 군대를 만들었어요. 그래서 처음 이름은 야별초였지요. 야별초를 조직한 최이라는 사람은 군인들의 수를 점점 더 늘렸어요. 그리고 원래 있던 야별초를 둘로 나눠서 좌별초와 우별초를 만들었지요. 또 몽골에 포로로 잡혀갔다가 살아서 도망쳐 온 군인들을 모아서 신의군을 만들었고요. 앞에서 말한 좌별초, 우별초, 신의군이 합쳐져 삼별초가 됐습니다.

> **✔ 몽골 문화의 영향**
>
> 고려는 몽골의 영향을 받으면서 식생활이 달라집니다. 몽골어 사전, 〈몽어류해〉에 보면 몽골에서 맹물에 고기를 넣고 끓이는 것을 '공탕'이라 하는데, 이것이 오늘날 '곰탕'의 유래가 됐지요.

하지만 명령을 받은 김방경은 섣불리 군사를 움직이지 못했습니다.

'아아, 내 어찌 형제들을 향해 칼을 들어야 한단 말인가? 정작 적은 이 옆에 있는 몽골 놈들이건만…….'

그렇지만 김방경은 곧 생각을 바꿨습니다.

'그러나 어찌할 것인가? 전쟁이 길어질수록 백성들의 생활만 더 비참해질 뿐이니……. 더구나 난 어명을 받지 않았는가!'

결국 김방경은 진도를 향해 공격을 시작했습니다.

하지만 김방경의 토벌군은 처음부터 고전을 면치 못했습

○ 진도로 근거지를 옮기고 있는 삼별초의 모습을 재현한 모형(강화 역사관)

● 삼별초의 근거지였던 진도의 용장 산성

니다. 사실 토벌군에 비해 삼별초는 매우 잘 훈련된 군사들이었고, 저항 의지가 커서 토벌군의 공격에 쉽사리 무너지지 않았습니다.

결국 첫 번째 싸움은 삼별초군의 승리였습니다. 삼별초군은 이 승리를 발판으로 삼아 근방의 섬들과 탐라(제주)까지 손에 넣고 전라도 지방까지 세력을 넓혔습니다. 뿐만 아니라 개경 쪽으로 가는 고려 왕실의 배를 공격해 곡식을 빼앗기도 했습니다. 심지어 서쪽 해안을 거슬러 올라가 개경 가까이까지 접근하기도 했습니다.

이런 소식을 전해 들은 몽골 황제는 화가 머리끝까지 치밀어 올랐습니다.

"허허, 끈질긴 민족이로다. 그토록 짓밟았는데도 아직까지 대항할 힘이 남았단 말인가? 여봐라! 홍다구를 보내 단

✓ **홍복원과 홍다구**

홍다구의 아버지 홍복원은 몽골에 붙어 고려군을 공격하다가 살리타가 죽자 몽골로 도망갔습니다. 후에 홍다구는 고려로 돌아와 삼별초의 난을 토벌하고, 원나라가 일본을 정벌하려는 계획을 세우자 배 만드는 일을 가혹하게 독촉하여 고려인들의 원성을 사기도 했습니다. 그러나 제2차 일본 정벌 때 태풍으로 군사를 잃고 몽골로 돌아갑니다.

✅ **배중손**
고려 원종 때의 무장이었으나 원종이 개성으로 다시 수도를 옮기자 강화에 있던 삼별초를 이끌고 몽골에 저항하다 숨을 거둡니다.

숨에 삼별초를 토벌하도록 하라."

홍다구는 고려 사람으로 오래 전, 몽골이 처음 고려를 침략했을 때, 몽골의 앞잡이가 되어 같은 민족을 곤경에 빠뜨린 홍복원의 아들입니다. 배신자인 셈이었지요. 홍다구는 몽골군의 장수가 되어 어떻게 해서든지 출세를 하려 했습니다. 홍다구는 곧 고려와 몽골의 연합군을 이끌고 진도를 공격했습니다.

"공격하라! 삼별초를 하나도 남기지 말고 토벌하라!"

홍다구는 잔인하게 고려 사람들을 죽이며 진도에 상륙했

◯ 일본을 공격 중인 고려·몽골 연합군

습니다.

배중손을 비롯한 삼별초의 장수들은 자신들이 진도에 쌓은 용장 산성에서 안간힘을 쓰며 버텼지만, 끝내 패하고 말았습니다.

뿐만 아니라 삼별초에 의해 새 임금으로 추대되었던 승화후 온도 몽골군에 붙잡혀 죽임을 당했고, 1만 명이 포로가 되고 말았습니다. 빼앗긴 군량미도 4천 석이나 되었습니다.

그래도 삼별초는 포기하지 않았습니다.

"모두 배를 타라. 우리의 근거지를 탐라로 옮겨 싸움을 계속할 것이다!"

삼별초의 새 지도자 김통정이 명령했습니다.

김통정은 탐라로 들어가 새로이 성을 쌓고 토벌군과 최후의 일전을 벌일 준비를 서둘렀습니다.

한편으로는 토벌군의 공격이 뜸해진 틈을 타, 합포(지금의 마산)를 공격해 고려와 몽골의 연합군이 일본을 정벌하기 위해 만들어 놓은 배와 항구 시설까지 불태웠습니다.

그러나 이 일은 오히려 토벌군이 삼별초를 더 빨리 공격하게 하는 구실이 되었습니다. 고려 조정에서는 마지막으로 삼별초에 사신을 보내 설득에 나섰지만 삼별초는 사신의 목을 쳐 보이며 끝까지 싸울 것임을 맹세했습니다.

✅ 여·몽 연합군의 일본 정벌

1274년 10월 5일 새벽, 고려 장수 김방경과 몽골의 장수 홀돈이 함께 여·몽 연합군을 이끌고 일본 원정길에 올랐습니다. 그리고 그날 오후, 여·몽 연합군의 함대는 대마도 앞바다에 진을 쳤습니다. 이튿날 몰려드는 왜구들을 고려군이 먼저 공격하여 승리를 거두었답니다. 이어 몽골군은 당시로서는 신무기였던 '동화총'이라는 화포를 이용해 왜구를 물리쳤습니다. 이렇게 9일 동안 대마도의 왜구를 섬멸한 여·몽 연합군은 같은 해 10월 14일 이웃 섬인 일기도에 상륙하여 왜구를 닥치는 대로 소탕했지요. 하지만 이토록 승승장구했던 여·몽 연합군은 뜻밖에도 태풍을 만나 수백 척의 배를 잃고 되돌아와야 했답니다. 일본 사람들은 자신들을 지켜 준 이 태풍을 '신풍'이라 불렀지요.

◐ 여·몽 연합군의 일본정벌 당시의 일본군

얼마 후 고려와 몽골군으로 구성된 토벌군은 곧 탐라까지 들이닥쳤습니다. 고려군 6천 명을 포함해 모두 1만 명의 토벌군이 160여 척의 전투함을 타고 탐라에 상륙했습니다.

"남김없이 베어라! 삼별초는 하나도 살려 두지 말라!"

토벌군의 기세는 대단했습니다. 선봉에는 김방경이 섰고, 그 뒤로 고려와 몽골의 병사들이 따랐습니다.

김통정도 지지 않고 외쳤습니다.

"끝까지 막아야 한다. 우리의 땅을 몽골 놈들에게 더럽힐 수 없다. 마지막 한 사람까지 싸워라!"

이윽고 창칼을 부딪치는 소리와 비명이 탐라성 곳곳에 울려퍼졌습니다. 싸움이 계속될수록 전세는 삼별초에게 불리해졌습니다.

우선 병사의 수가 턱없이 부족했습니다. 게다가 남아 있는 병사들조차 거듭된 싸움으로 몹시 지쳐 있었습니다.

"삼별초의 병사들은 듣거라! 우리가 고려의 마지막 자존심이다. 물러서지 마라!"

삼별초의 장수들은 있는 힘을 다해 외쳤습니다.

그러나 탐라에 쌓은 삼별초의 성은 이내 무너지고 말았습니다. 성이 무너지는 모습을 보면서 후퇴한 김통정은 약 70여 명의 병사를 데리고 한라산으로 올라갔습니다. 그리고 스스로 목숨을 끊었습니다.

삼별초는 끝까지 자존심을 지킨 마지막 고려 사람들이었습니다.

저기요, 선생님! 이런 게 궁금해요
삼별초의 항쟁

일부다처제가 시작되다

고려는 몽골과 오랫동안 전쟁을 치르면서 많은 남자들이 목숨을 잃게 되었습니다. 그런 이유로 남자의 수에 비해 여자들이 월등하게 많았지요. 그래서 시집을 가지 못하고 홀로 늙는 여자들도 생겨났어요. 이런 상황을 지켜 본 박유라는 사람이 왕에게 한 가지 건의를 했답니다. 원래 고려는 한 명의 남자와 한 명의 여자가 부부가 될 수 있었어요. 일부일처제였지요. 그런데 박유는 남자들이 부인을 둘 이상 둘 수 있게 법으로 허락해 달라고 했어요. 박유는 이렇게 하면 전쟁으로 인해 줄어든 인구수를 늘릴 수 있을 거라고 생각한 거예요. 사람이 줄어들면 그만큼 나라의 힘도 약해질 테니까요. 또 결혼을 못하는 여자들이 없을 거라고 여겼지요. 여자들은 박유의 제안을 전해 듣고는 발끈 화를 냈어요. 당시 고려에서 여성들의 권리는 남자들과 거의 대등했거든요.

고려 시대에는 재산 상속을 할 때 여자와 남자 구분이 없었어요. 혼인을 했을 때도 여성이 가지고 간 재산은 여성의 것이라고 인정했지요. 게다가 남편이 혹시 여자를 때리기라도 하면, 관아에 끌려가서 곤장을 맞기도 했어요. 그러니 감히 여자라고 해서 함부로 대할 수는 없던 시절이었지요. 이혼을 할 때에는 남자와 여자가 함께 관아에 가서 허락을 받았어요. 남자라고 해서 특별한 지위를 갖는 일은 없었답니다.

↑ 고려 시대 천문대(개성)

고려 시대에도 국제 결혼이 있었나요?

고려의 임금들은 국제 결혼을 했어요. 고려가 국제 교류가 활발해서 나타난 현상이냐고요? 그렇지 않아요. 국제 결혼은 선택이 아니라 반드시 해야 하는 강제 사항이었어요.

몽골군을 피해서 강화도로 이동했던 조정은 몽골의 협박으로 인해 다시 개경으로 돌아왔어요. 이때부터 '원(元)'으로 이름을 바꾼 몽골의 간섭이 시작되었지요. 원나라는 고려가 하는 일을 하나하나 간섭하기 시작했어요. 고려의 왕은 결혼마저 원나라가 정해 주는 사람과 해야 했지요. 원나라는 왕위를 이을 세자를 자신들의 나라로 데리고 갔어요. 그리고 왕자가 성장하면 원나라 공주와 결혼을 시켰지요. 왜 원나라가 이런 행동을 했을까요?

처음에 결혼을 제의한 것은 고려의 왕인 원종이었어요. 원종은 무신들의 세력을 누르기 위해서 원의 힘을 빌릴 생각으로 결혼을 청한 것이었지요. 그렇게 정치적 이유로 이루어졌던 혼례가 전통처럼 이어지게 됩니다.

원나라는 혼인을 통해 고려의 왕을 가까이에서 감시할 수 있었어요. 원나라 공주는 고려의 정세를 틈틈이 자신의 나라에 보고했어요. 충선왕의 경우에는 원나라 부인에게 잘못 보이는 바람에 원나라로 불려가기도 했고요. 원나라 공주 중에 가장 잘 알려진 사람은 노국 대장 공주예요. 공민왕의 왕비였지요.

고려의 몽골 스타일

개경으로 돌아온 고려의 조정은 몽골의 영향을 받게 되면서 여러 가지 변화가 생겼어요. 남자들의 경우 몽골의 머리 모양을 따라하는 사람이 생겼고요. 고려의 옷을 벗고 몽골의 옷을 입는 경우도 생겼지요. 몽골식이 그렇게 인기였냐고요? 원나라에서는 몽골식 복장인 호복을 입지 않거나 변발을 하지 않은 사람에게는 좋은 대접을 해 주지 않았기 때문이에요. 출세를 하고 싶다면 고려의 옷부터 벗어야 했지요.

공민왕, 고려의 부활을 꿈꾸다

공민왕은 원나라의 내정간섭을 받고 있던 고려가 자주성을 찾을 수 있도록 여러 가지 노력을 기울였습니다. 그리고 원나라로부터 해방되기 위한 정책을 세우고 하나하나 단계를 밟아 나갔습니다.

✓ 고려 왕의 이름

충혜왕, 충렬왕, 충정왕 등 고려의 왕 이름 앞에 충이 들어가 있는 경우가 있어요. 이것은 원나라의 지배권에 있을 때, 원나라에 충성한다는 뜻으로 임금의 이름 앞에 '충'을 붙였기 때문이지요. 하지만 공민왕 때 이러한 원의 간섭에서 벗어나고자 '충' 자를 버렸습니다.

원나라에 시달린 고려

삼별초가 마침내 여·몽 연합군에 의해 토벌된 뒤로 고려는 사실상 원나라(몽골은 1271년 국호를 '원'으로 바꾸었어요)의 지배를 받았습니다. 고려의 모든 임금은 세자 때부터 원나라에 가서 생활해야 했고, 원나라의 허락을 받은 뒤에 임금의 자리에 오를 수 있었습니다.

하지만 임금의 자리에 오른 뒤라도 원나라의 눈밖에 나면 임금의 자리에서 물러나야 했습니다. 실제로 충숙왕(27대)과 충혜왕(28대)과 같은 임금은 원나라에 의해 왕위에서 쫓겨나기도 했습니다. 그 때문에 고려의 임금들은 원나라 왕실의 눈치를 보았고 눈 밖에 나지 않으려고 애를 썼습니다.

임금은 신하들의 벼슬도 자기 뜻대로 정하지 못했습니다.

모든 일은 원나라의 왕실에서 허락해야 가능했습니다. 그러다 보니 신하들은 임금에 충성하기는커녕, 어떻게 해서든지 원나라 왕실에 잘 보여서 높은 벼슬을 받으려 애를 썼습니다. 심지어 몇몇 부정직한 신하들은 거짓으로 임금의 잘못을 꾸며 원나라 왕실에 고자질하기도 했습니다.

조정이 이런 지경이었으니 백성들의 삶은 말할 것도 없었습니다. 모든 제도와 절차가 원나라식으로 바뀌었고 풍속마저 원나라식을 따라야 했습니다. 사람들은 앞다투어 원나라 사람처럼 머리를 잘랐고 원나라식 옷을 입었습니다.

원나라의 관리들은 고려의 특산품을 수도 없이 강제로 빼앗아 갔는데, 심지어 결혼하지 않은 처녀들까지 데려갔습니다. 공녀라 불린 이들은 원나라 또는 원나라로 귀화한 송나라 장수들의 아내가 되었습니다. 가끔은 원나라 왕실의 후궁이 되는 경우도 있었지만 대부분은 강제로 끌려가 비참한 생활을 해야 했습니다.

그 때문에 고려에서는 원나라에 끌려가지 않기 위해서 일찍 결혼하는 풍습이 생기기도 했습니다.

그런 데다가 원나라의 세력이 조금씩 약해지기 시작할 무렵, 고려에는 왜구와 홍건적이 곳곳에서 날뛰었습니다.

> ✓ **삼국유사**
>
> 〈삼국유사〉는 고려 후기 일연 스님이 편찬한 삼국의 역사서입니다. 1281~1283년(충렬왕 7~9년) 즈음에 편찬된 것으로 알려져 있어요. 〈삼국유사〉는 모두 5권 2책으로 이루어져 있으며, 우리나라의 역사·종교·언어·민속·사상·미술 등에 관한 이야기가 총망라 되어 있어요. 이 책을 통해 일연은 우리 민족의 자긍심을 일깨우고 자주성을 회복하는 데에 도움을 주려 했지요.

원나라 풍습을 버리고 우리의 것을 되찾으라

바로 이런 때에 공민왕이 고려의 임금의 자리에 올랐습니다(1351년). 이때 공민왕의 나이는 22세였습니다. 비록 많지 않은 나이였지만 공민왕은 눈을 부릅뜨고 고려를 바꾸어 나가기로 결심했습니다.

'아아! 오랫동안 원나라의 지배를 받다 보니 나라 꼴이 말이 아니로다. 모든 잘못된 것을 뜯어고치지 않으면 안 되겠구나.'

공민왕은 임금이 된 바로 다음 해 2월, 폭탄 선언을 했습니다.

"앞으로는 원나라식으로 머리 자르는 것을 허용하지 않겠소. 또한 원나라의 옷을 입어서도 안 되며 원나라말을 해서도 안 되오. 뿐만 아니라 원나라로 인해 생긴 풍습은 오늘부터 절대 행하지 마시오."

나아가 공민왕은 원나라 왕실에 빌붙어 아부하거나 원나라의 힘을 빌어 함부로 날뛰는 관리들을 과감하게 내쫓았습니다. 원나라의 그늘에서 확실하게 벗어나 고려의 자주성을 되찾고자 하였습니다.

백성들은 공민왕의 용기 있는 행동에 감탄했습니

다. 모두들 오랜만에 진짜 임금이 나타났다고 좋아했습니다. 백성의 환호에 공민왕의 자신감은 더더욱 불타올랐습니다.

한편으로는 원나라와의 전쟁 때 빼앗겼던 서북면과 동북면 일대의 북쪽 땅을 이자춘(이성계의 아버지예요)을 보내 되찾기도 했습니다.

그러자 원나라에서는 80만 대군을 이끌고 고려를 다시 침략하겠다고 엄포를 놓았습니다.

그러나 공민왕은 겁먹지 않았습니다.

"만약 원나라 군대가 다시 쳐들어온다면 죽음을 각오하고 싸우리라. 고려의 도읍을 남경(지금의 서울)으로 옮겨서라도 싸우리라."

굳은 다짐을 한 공민왕은 이제현을 보내 남경으로 도읍을 옮기는 문제를 처리하도록 일렀습니다.

이것은 시작에 불과했습니다. 공민왕은 곧바로 원나라에 반기를 들었습니다.

"앞으로 고려 내정 간섭을 도맡아 하던 '정동행성'을 폐지하겠소. 뿐만 아니

✔ **공민왕과 이성계**

천호라는 원나라 벼슬에 있던 이성계의 아버지 이자춘은 서북면과 동북면(함경도 일대와 압록강 유역을 아우르는 지역) 일대의 지역을 탈환하는 과정에서 공민왕을 돕습니다. 이것이 계기가 되어 훗날 조선의 왕 이성계가 고려 정계에 등장하게 됩니다.

🔵 바둑 두는 공민왕의 모습 (14세기 그림)

라 원나라 식으로 되어 있는 모든 제도를 없애고 고려의 원래 제도를 부활하겠소. 그리고 원나라의 연호도 더 이상 쓰지 마시오."

원나라에서 알게 되면 노발대발할 일이었습니다. 정동행성은 원나라가 고려를 지배하기 시작하면서 고려에 설치한 기구였습니다. 원나라는 정동행성을 통해 고려 조정에 간섭했고 감시하기도 했습니다. 공민왕은 그것을 없애겠다고 한 것입니다.

공민왕의 말에 많은 신하들이 놀랐습니다. 이뿐 아닙니다. 얼마 뒤에는 더 놀랄 만한 명령을 내렸습니다.

"오늘부터 '정방'을 폐지하노라. 그리고 지금부터 면밀한 조사를 벌여서 귀족들이 백성들에게서 함부로 빼앗은 토지를 다시 백성들에게 나누어 주겠노라. 또한 원나라와의 전쟁 중, 원나라의 편을 들지 않아 억울하게 노비가 된 사람들을 노비의 신분에서 풀어 줄 터이니 그리 알도록 하라."

정방은 무신 정권 시대에 최우가 자기 집에 설치한 정치 기구였습니다(1225, 고종 12년). 원래는 군사에 관한 일을 논의하는 기구였는데, 무신들이 반란을 일으켜 권력을 잡은 뒤로는 모든 신하

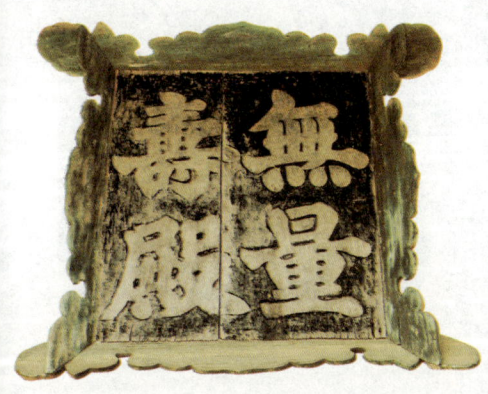

○ 공민왕이 쓴 것으로 알려져 있는 부석사(영주) 무량수전의 현판 글씨

들에게 벼슬을 주거나 빼앗는 곳이 되었습니다. 정방이 생긴 이후, 임금은 힘을 잃고 그저 정방에 모인 무신들이 하는 일에 도장이나 찍어 주는 허수아비 역할만 할 뿐이었습니다.

공민왕은 정방을 폐지해 잃었던 임금의 힘을 되찾고자 한 것입니다. 임금이 먼저 힘을 얻어야만 개혁 작업을 마음껏 펼쳐 나갈 수 있을 것이라 생각한 것입니다.

● 공민왕 부부의 초상

공민왕은 정말 고려의 부활을 꿈꾸었던 것입니다. 그러나 이러한 꿈은 곧 물거품이 되고 말았습니다. 바로 왕비인 노국 대장 공주의 죽음 때문이었습니다.

공민왕, 개혁 의지를 잃다

공민왕은 노국 대장 공주를 무척이나 사랑했습니다. 얼마나 사랑했는지 늘 손을 잡고 다녔으며 잠깐이라도 떨어져 있지 않으려 했습니다.

그런 노국 대장 공주가 8년 만에 아이를 가졌는데, 아이를 낳다가 그만 목숨을 잃고 말았습니다.

공민왕의 슬픔은 이만저만이 아니

었습니다. 며칠 동안 울며 음식도 입에 대지 않았고 노국 대장 공주의 방에서 나오지 않았습니다. 공민왕은 오래도록 시신 옆에서 지냈습니다.

장례가 끝난 뒤에도 공민왕은 나랏일은 돌볼 생각도 하지 않고 오로지 노국 대장 공주를 생각하며 하루하루를 보냈습니다. 모든 사찰에 공주를 추모하는 제사를 7일마다 올리라고 명령했습니다.

노국 대장 공주의 얼굴을 손수 그려 벽에 붙여 놓고 그것만 보면서 지냈습니다.

3년이 지나도록 공민왕은 고기 한 점 입에 대지 않았습니다. 그리고 큰 일이 있을 때마다 노국 대장 공주의 능에 가서 절을 올렸습니다. 왕륜사 동쪽에 노국 대장 공주의 영전 또한 짓도록 명령했습니다.

그뿐만이 아닙니다. 노국 대장 공주가 간절히 생각날 때마다 공민왕은 공주의 능 앞에 신하들을 모아 놓고 공주가 좋아하던 원나라 음악을 밤이 새도록 연주하게 했습니다.

공민왕은 더 이상 예전의 공민왕이 아니었습니다.

공민왕은 결국 승려 신돈에게 나랏일을 맡기는 등 자포자기 상태로 있다가 결국 암살됐습니다.

이렇게 해서 고려는 마지막 부흥의 기회를 놓치고 말았습니다.

공민왕, 고려의 부활을 꿈꾸다 97

원나라의 마지막 황태자가 고려 사람이었나요?

개경으로 도읍을 옮긴 이후에 원나라의 간섭은 더 심해졌어요. 고려의 왕을 원나라 공주와 혼인을 시키고, 특산물을 강요하는 건 기본이었지요.

1274년 3월이었지요. 원나라에서 온 사신은 이상한 요구를 했어요. 고려에서 혼인하지 않은 처녀들을 원나라에 데려가겠다는 거였지요. 왜냐고요? 원나라와 싸우지 않고 순순히 항복한 남송의 군인들에게 시집보내기 위해서였어요. 당시 군인들 가운데 결혼을 하지 않은 사람이 많았대요.

이후 원나라의 처녀 공납은 끊이지 않고 계속 되었어요. 고려의 처녀들을 뽑기 위해서 결혼도감까지 설치했어요. 그리고 혼인을 금지하는 '금혼령'을 내리기도 했지요.

○ 〈제왕운기〉. 고려말 이승휴가 지은 〈제왕운기〉에는 기자오의 딸에 대한 기록이 남아 있다.

원나라 왕실에서도 처녀를 바치라는 요구를 빈번히 했어요. 이때 기자오라는 사람의 딸이 원나라 궁으로 들어갔지요. 이 처녀는 얼굴도 아름다운 데다가 성격도 상냥하고 애교스러웠어요. 원나라 황제인 순제의 눈에 쏙 들어왔겠지요?

기자오의 딸은 후궁이 되었지만, 1399년 아들을 낳고 정식 황후로 인정받았어요. 그리고 이 아들이 태자로 봉해졌지요.

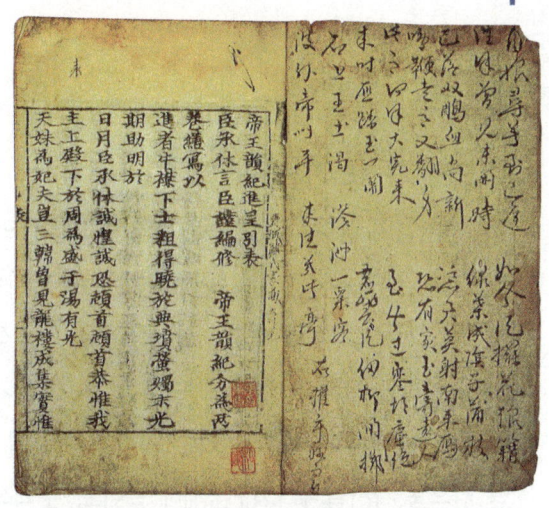

○ 여자들이 행사 때 머리에 쓰는 족두리도 몽골에서 전해진 풍습이었다.

저기요, 선생님! 이런 게 궁금해요

공민왕, 고려의 부활을 꿈꾸다

고려를 빛낸 사람들

하나, 위험을 무릅쓴 밀수꾼, 문익점

앗! 문익점이 밀수꾼이라니요. 문익점이 이런 억울한 말을 듣게 된 것은 다 이유가 있어요. 원래 밀수꾼은 금지된 물건을 몰래 빼 와서 사고파는 사람을 말하잖아요. 문익점은 원나라에서 목화를 몰래 빼 왔어요. 붓두껍 속에 숨겨서 말이에요. 당시 원나라는 목화를 아주 귀하게 여겼기 때문에 함부로 밖으로 가져갈 수 없게 금지해 놨어요. 문익점은 그야말로 목숨을 걸고 목화씨를 빼내 온 것이에요. 왜 이런 행동을 했냐고요?

◯ 목화

고려 말 이전에 우리 조상들은 삼베·모시·비단 등으로 옷을 지어 입었어요. 신분이 높은 계층은 비단으로 옷을 입었지만, 서민들은 삼베와 모시옷을 입었어요. 겨울이 되면 추위 때문에 무척 고생을 했지요. 그런데 목화솜으로 가볍고 질기면서도 따뜻한 옷을 만들 수 있다는 것을 알게 된 거예요. 백성을 사랑하는 따뜻한 마음 때문에 문익점은 위험을 무릅썼어요.

그런데 문익점은 어떻게 목화에 대해 알게 됐을까요? 문익점은 사신으로 원나라에 가 있는 도중에 역적으로 몰렸어요. 공민왕을 죽이려는 무리와 내통했다는 누명을 쓰게 된 것이지요. 문익점은 고려로 돌아오지도 못하고 3년을 원나라에서 보내야 했어요. 그러다가 목화를 알게 된 것이지요. 귀양살이를 하지 않았다면 목화를 발견하지 못했을 수도 있었어요. 문익점은 1363년 귀양에서 풀려난 후 목화씨를 가지고 고려로 돌아왔어요.

목화씨를 가지고 왔다고 해서 모든 일이 끝난 건 아니에요. 고려에서 한 번도 목화를 키워 본 적이 없었기 때문에 과연 목화가 제대로 자랄지가 고민이었지요. 문익점은 고향인 경상남도 산청군 단성면에 돌아와서 목화를 나눠 심었어요. 다행스럽게도 목화씨 하나만이 열매를 맺

없어요. 나머지는 모두 실패했지요. 이렇게 해서 목화가 고려 곳곳에 퍼질 수 있게 됐어요. 문익점이 가지고 온 목화 때문에 우리 의생활은 혁명적인 변화를 맞이했지요. 목화로 만든 무명옷은 한겨울에도 따뜻했어요.

문익점의 손자 문래와 문영은 물레를 만들기도 했어요. 덕분에 백성들은 손쉽게 실을 짤 수 있게 됐지요.

둘, 우리나라의 노벨, 최무선

스웨덴에 노벨이 있다면, 우리나라에는 최무선이 있습니다. 원나라의 간섭과 잦은 왜구의 침입 속에 나라의 힘을 키우는 일은 강력한 무기 개발이라고 믿었던 최무선은 벽란도에서 화약을 다루던 기술자를 매일같이 찾아다녔습니다. 당시 벽란도는 외국 상인이 많이 왕래하는 국제 무역항으로 유명했습니다. 비가 오나 눈이 오나 화약 기술자를 찾아 헤매던 최무선은 중국에서 염초장을 했던 이원을 만나게 됩니다. 염초란 진흙에서 구워 낸 화약의 원료였지요. 이원을 모셔와 염초 75%, 황 10%, 목탄 15%로 섞어 화약 만드는 실험에 성공한 최무선은 1377년 임금의 허락을 받아 '화통도감'이라는 기관에서 대장군포, 석포 등의 무기를 만드는 데 성공합니다. 1380년 왜구가 500척의 배를 이끌고 진포로 침입하자 최무선은 자신이 만든 특수 군함 80여 척과 신무기로 왜군의 배를 산산조각 냅니다.

고려 말의 무기들

◉ 화약통

◉ 탄환

◉ 승자총통

선생님과 역사 읽기 ••• 고려의 2대 보물, 팔만대장경과 고려청자

팔만대장경 5천 2백여만 자에 담긴 마음

팔만대장경

우리나라는 일찍이 인쇄술이 발달했어요. 세계에서 가장 오래된 목판 인쇄본인 〈무구정광대다라니경〉은 7세기 초에 제작된 거예요. 불국사 석가탑에서 발견됐지요. 이런 인쇄술을 바탕으로 고려 시대에는 인쇄 기술이 활짝 꽃을 피웠어요. 그리고 결국 팔만대장경을 만들었지요. 팔만대장경은 부처님의 힘으로 몽골군의 침입을 막겠다는 의지로 만든 것이에요. 이런 어렵고 힘든 시기에 8만 장이 넘는 대장경판을 만들다니 정말 대단하지요? 팔만대장경을 만들기 위해서 국가에서는 강화도에 '대장도감'까지 설치했어요. 그리고 판목의 재료를 경상도, 전라도 등지에서 구해 왔지요. 팔만대장경을 만드는 데는 무려 16년이라는 세월이 걸렸어요. 글자 모양이 아름답기로 유명한 팔만대장경은 새겨진 글자의 수만 해도 52,382,960자나 되어요.

팔만대장경을 만든 정성이 정말 대단하지요? 유네스코에서도 이런 팔만대장경의 가치를 높이 평가해 2007년 세계기록유산으로 지정했답니다.

최초의 대장경이 사라졌다고요?

고려가 처음으로 만든 대장경은 팔만대장경이 아니에요. 현종 임금(1011년) 때 이미 대장경판을 만들었어요. 이 작업은 선종 때까지 이어졌지요. 무려 77년이 지나서야 완성되었어요. 이때 만든 목판을 '초조대장경' 또는 '초판고본대장경'이라고 해요.

당시 대장경을 만든 이유는 거란의 침입을 물리치기 위해서였지요. 하지만 안타깝게도 이 대장경판은 지금 확인할 수가 없어요. 몽골이 침입했을 때 모두 불타버린 거예요.

팔만대장경을 보관하고 있는 해인사 장경각

팔만대장경을 만드는 과정

팔만대장경을 만들려면 엄청난 인내심이 필요해요. 재료가 되는 나무를 구하는 것부터 쉬운 일이 아니었지요. 경판 나무는 얼마 전까지만 해도 자작나무로 알려져 있었어요. 하지만 최근에 현미경을 통해 분석해 본 결과 돌배나무와 산벚나무로 확인됐어요. 전하는 얘기에 따르면 이 나무를 강화 앞바다에 3년 정도 담가 두었대요. 그리고 판이 뒤틀리지 않도록 소금물에 푹 삶지요. 이게 끝이 아니에요. 소금물에서 건진 나무가 마르기까지는 수년의 세월이 필요해요. 그래야 본격적으로 판목을 만들

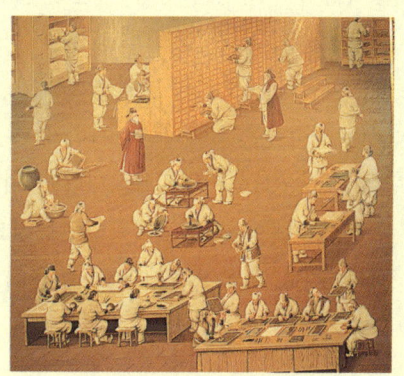

▲ 팔만대장경을 만드는 장면

수 있지요. 경판의 두께는 약 3.3cm예요. 총 길이는 65cm 정도이고, 폭은 약 24cm지요. 경판의 한 면에 새긴 글자의 행수는 23행이고요. 각 행은 14자씩 새겨져 있어요. 글은 앞뒤에 돋을새김으로 새겨져 있어요.

현재 해인사에 보관된 대장경판은 오랜 세월이 흘렀음에도 불구하고 뒤틀림이 없다고 합니다.

❶ 팔만대장경에 들어갈 내용을 쓰는 장면

❷ 종이에 쓴 글씨를 목판에 새기는 장면

❸ 목판 위에 먹을 바르고 찍어 내는 장면

왜 고려 시대 청자가 만들어 지기 시작했나요?

고려청자의 명성은 정말 대단했어요. 송나라에서는 열 가지 보물 가운데 하나로 고려청자를 꼽을 정도였지요. 고려청자가 유명한 것은 바로 은은한 비색 때문이에요. 비색이 뭐냐고요? 비취라는 보석의 빛깔을 말해요. 비취는 옥의 한 종류지요.

고려 사람들은 옥을 무척 귀하게 여겼어요. 신분이 높은 사람이라면 누구나 하나쯤 가지고 싶어 하는 보석이었지요. 게다가 비색은 악귀를 쫓는 색이라고 알려져 있어요. 이런 귀한 비취를 아무나 가질 수는 없었겠지요. 그래서 생각한 것이 흙을 이용해서 옥을 닮은 것을 만들어야겠다고 생각했어요. 이것이 고려청자의 시작이었답니다.

불교, 차(茶) 그리고 고려청자

고려 시대에는 불교가 사람들 사이에 널리 퍼졌어요. 궁에서도 불교를 높이 받들었기 때문에 절을 짓거나 불공을 드리는 일을 중요하게 생각했어요. 따라서 부처를 모시는 스님들은 귀한 대접을 받았어요. 왕족 가운데는 스님이 된 사람도 있어요. 의천도 왕족 출신이지요.

이러한 사회적 분위기에서 불교의 차 문화는 고려청자가 발달하는 계기가 됐어요. 왜 그랬을까요?

스님들이 수양을 하다보면 잠이 쏟아지는 경우가 많고 그때 졸음을 쫓기 위해 차를 마셨지요. 이때 차를 담은 찻잔이 대부분 청자로 만든 것이었대요. 처음에는 중국에서 수입한 청자로 만든 찻잔을 사용했지만 차에 대한 관심이 곧 찻잔으로 옮겨지면서 고려 사람들은 찻잔을 직접 만들었어요. 그리고 곧 중국보다 멋진 찻잔을 만들어 낼 수 있게 됐지요.

청자 참외 모양 병

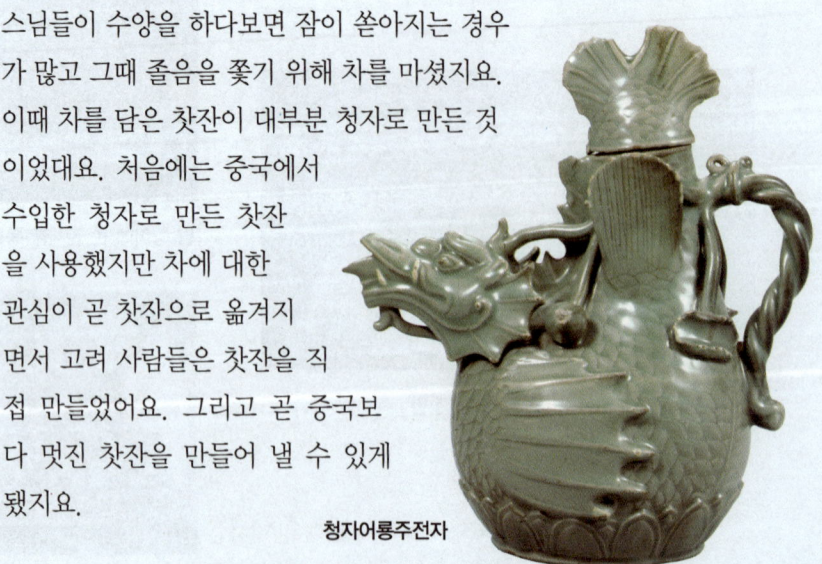

청자어룡주전자

고려청자의 또 다른 이름, 상감청자

고려청자를 부르는 또 다른 이름이 있어요. 바로 '상감청자'예요. '상감'이라는 이름이 붙은 이유는 무엇일까요? 고려청자 가운데 상감기법으로 만든 도자기가 있어요. 상감기법은 흙으로 빚은 그릇 표면에 무늬를 파고, 그 속을 흰색이나 검은색 흙으로 메우는 것을 말해요. 그 위에 유약을 발라서 구우면 청자의 푸른 바탕 위에 은은하게 무늬가 나타나요. 이 기법은 다른 나라에서 먼저 사용했지만, 도자기에 상감기법을 사용한 것은 고려가 처음이에요. 상감기법은 곧 고려 도자기만의 독특한 특징이 되었어요. 그래서 고려의 청자를 가리켜서 상감청자라고도 부른 거예요.

고려 도공들은 상감청자에 여러 가지 무늬를 그려 넣었어요. 그 중에서도 구름, 학, 연, 모란, 국화 등이 주된 무늬였지요. 현재까지 남아 있는 상감청자 중에서 가장 대표적으로 꼽히는 것은 '청자상감운학문매병'이에요. 학이 구름 위에서 노는 모습이 새겨 있지요. 이 청자는 매화를 꽂는 데 쓰였어요. 주둥이 부분이 무척 좁은데 어떻게 꽃을 꽂을 수 있냐고요? 매화나무 가지를 하나만 꽂기 때문에 충분히 가능해요.

상감청자 가운데에는 구리를 이용해서 무늬를 새겨 넣은 것도 있어요. 이렇게 하면 주황빛을 낼 수 있지요. 이런 청자를 '진사청자'라고 해요. 화려한 색채는 물론이고 무늬까지 아름다웠던 상감청자를 통해 고려인들의 예술적인 면모를 느낄 수 있어요.

청자상감운학문매병
(국보 68호)

청자 포도동자 무늬 조롱박 모양 주전자와 받침

이성계의 조선 세우기 3단계 작전

요동 정벌을 주장하던 최영 장군과 지금은 시기가 아니라고 주장하던 이성계 장군은 서로 팽팽하게 맞섰습니다. 그러다가 요동정벌을 나섰던 이성계가 위화도에서 회군하여 권력을 장악합니다. 이것은 훗날 고려가 기울고 새로운 나라가 세워지는 계기가 됩니다.

1단계 작전. 군사를 돌려 고려에 대항하다

1388년, 새로운 강국으로 부상한 명나라가 고려 조정에 사신을 보내 뜻밖의 요구를 했습니다.

○ 태조 이성계

철령 이북의 땅은 원래 원나라의 영토였으나 지금은 우리 명나라가 차지하였으니 마땅히 그곳을 명나라의 땅으로 취하고자 하오.
우리는 그곳에 철령위를 설치할 것이오.

철령은 한때 원나라가 쌍성총관부를 두고 다스리던 곳이었습니다.

"상감마마, 명나라의 요구는 당치도 않은 것입니다. 애초에 철령은 고려의 땅이었거늘 어찌 감히 명나라가 그 땅을 넘본단 말입니까? 차라리 이 기회에 요동까지 쳐들어가 명나라에 우리의 힘을 보여 주어야 합니다."

최영의 말이었습니다.

오래전부터 요동을 손에 넣고 싶었던 우왕은 최영의 주장에 찬성했습니다.

1388년 4월, 최영은 팔도도통사로 임명되었고 좌군도통사에 조민수, 우군도통사에 이성계가 임명되었습니다. 이들은 모두 5만 명의 대군을 정비해 요동반도 정벌을 위한 준비를 마쳤습니다.

그런데 그때, 이성계가 우왕에게 상소를 올렸습니다.

✔ **요동**

지금은 중국 땅이 돼 버린 요동은 우리나라 역사상 의미 깊은 곳입니다. 요하 동쪽을 요동이라 불렀는데 이곳은 최초의 나라 고조선은 물론 고구려, 발해 사람들의 생활의 터전이었습니다. 고구려는 이곳에서 외적의 침입을 막아 냈고, 중국 사람들도 한동안 요동은 고구려 땅이라고 인식하고 있었답니다. 하지만 고려 때 이성계가 요동 정벌을 포기하면서 다시는 되찾을 수 없는 옛 땅으로 남았지요.

대왕마마, 지금 요동을 정벌하는 일은 어렵사옵니다.

첫째, 작은 나라가 큰 나라를 친다는 것은 옳은 일이 아니며,

둘째, 여름철에 군사를 동원하는 것은 부적당하고,

셋째, 요동을 공격하는 틈을 타서 남쪽의 왜구가 침범할 우려가 없지 않으며,

넷째, 무덥고 비가 많은 때여서 활의 아교가 녹아 무기로

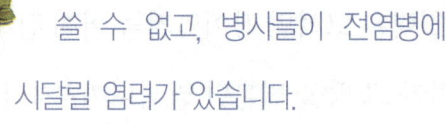

쓸 수 없고, 병사들이 전염병에 시달릴 염려가 있습니다.

부디 요동 정벌의 뜻을 거두어 주십시오.

이 상소가 그 유명한 '사불가론' 입니다.

사불가론이란 요동 정벌을 할 수 없는 네 가지 이유를 뜻합니다.

이에 맞서 최영은 반드시 요동을 정벌해야 하는 네 가지 이유를 말했습니다.

✔ 최영 장군

고려의 명장이자 충신이었던 최영 장군은 홍건적 난 때 난을 정리하고 전리판서에 올랐습니다. 1365년 강화에서 왜구와 싸우다가 신돈의 모함으로 유배되었다가 1371년 신돈이 처형되자 복직합니다. 이성계와 함께 요동 정벌을 추진했지만, 이성계의 배신으로 역적으로 몰려 귀양갑니다. 그리고 두 달 뒤에 처형되었습니다.

마마, 우리 고려는 반드시 지금 요동을 정벌해야 하옵니다.

첫째, 비록 명나라가 큰 나라이기는 하나 아직은 원나라와의 관계도 무시할 수 없으니 그들이 요동까지 신경 쓰지는 않을 것이며,

둘째, 바로 그런 이유 때문에 명나라는 요동의 경계를 늦추고 있음이 분명할 것이고,

셋째, 요동은 매우 기름진 땅이므로 여름에 공격하면 군량미가 없더라도 현지에서 군사들의 식량을 구할 수 있으며,

넷째, 명나라의 군사들은 장마철에 싸우기를 좋아하지 않

으니 지금 공격하면 반드시 이길 수 있사옵니다. 부디 요동 정벌의 명을 내려 주옵소서.

우왕은 이번에도 최영의 손을 들어 주었습니다.

결국 이성계는 더 이상 항변하지 못하고 조민수와 함께 5만 명의 군사를 이끌고 요동 땅을 향해 진군했습니다.

그러나 북으로 향하던 이성계는 압록강 한가운데에 있는 위화도에서 멈추었습니다. 그러고는 조민수를 설득해 군사를 돌렸습니다.

○ 최영 장군 (국사당)

이성계와 조민수는 군사를 이끌고 요동이 아닌 우왕과 최영 장군이 있는 개경으로 향했습니다.

이성계는 얼마 지나지 않아 궁궐을 점령하고 제일 먼저 최영을 체포했습니다.

이때 최영이 이성계를 향해 쏘아붙였습니다.

"너는 고려만을 배반한 것이 아니니라. 네가 군사를 돌림으로써 우리 민족은 다시는 요동 땅을 찾을 수 없게 되었느니라. 너는 대대손손 그 죗값을 치러야 할 것이로다. 훗날 후손들마다 네 어리석음을 손가락질하리라."

○ 최영 장군 사당

틀린 말이 아니었습니다. 이성계가 요동을 포기하고 군사를 돌림으로써 우리 민족은 고구려 때부터 다스려 온 드넓은 만주 벌판과 요동 땅을 두 번 다시 찾을 수 없게 되었습니다.

그해 여름, 최영은 결국 역적이라는 죄목으로 끝내 참형을 당하였습니다. 최영은 죽으면서도 의지를 꺾지 않았습니다.

"나에게 잘못이 있다면 내 무덤에 풀이 무성할 것이고, 잘못이 없다면 풀 한 포기 나지 않으리라."

과연 최영의 무덤에는 풀 한 포기 나지 않아 '붉은 무덤'이라고 불렸습니다.

2단계 작전. 고려 충신을 제거하라

이성계가 조선을 세우기 직전의 일입니다. 이성계는 최영을 죽인 다음 우왕을 귀양 보내고, 우왕의 아들 창왕을 새 왕으로 추대했습니다. 그리고 자신은 최고 높은 벼슬인 우시중으로 도총중외제군사가 되어 인사권과 군사권을 모두 거머쥐었습니다. 하지만 이성계와 그의 측근들은 이에 만족하지 않고 곧 창왕마저 내쫓았습니다.

○ 이색

✓ 이색

고려 말, 소문난 문장가 세 사람을 일컫는 '삼은' 중 하나인 이색은 정몽주, 길재와 함께 성리학 발전에 기여하였습니다. 우왕의 스승이기도 했던 이색은 이성계가 위화도에서 회군하여 돌아오자 창을 즉위시켜 이성계를 억제하려 했습니다. 그러나 이성계 세력에 밀려 유배당합니다. 조선 태조가 인재 등용을 위해 이색을 한산백에 책봉했으나 사양하였습니다.

그러고는 이성계와 사돈인 정창군 왕요를 왕위에 앉혔습니다. 그가 바로 고려의 마지막 임금인 공양왕입니다.

나아가 이성계는 고려에 충성하는 신하들을 하나 둘씩 멀리 유배를 보내거나 제거하기 시작했습니다. 이색, 길재도 귀양을 갔습니다.

이 일은 주로 정도전과 남은, 그리고 조준과 배극렴을 비롯한 이성계의 측근과 이성계의 아들들이 나서서 했습니다.

이 무렵, 이성계의 다섯 번째 아들 이방원은 고려의 충신 정몽주를 찾아갔습니다.

가능하면 정몽주의 마음을 돌려 이성계에게 충성하는 신하로 만들고 싶어서였습니다.

이방원은 정몽주 앞에서 이런 시조를 읊었습니다.

> 이런들 어떠하리 저런들 어떠하리
> 만수산 드렁칡이 얽혀진들 어떠하리
> 우리도 이같이 얽혀져 백 년까지 누리리라.

다 무너져 가는 고려 왕실만 붙들려고 하지 말고 칡덩굴처럼 하나가 되어 서로 부귀영화를 누려 보자는 것이었습니다. 그러자 정몽주도 시조를 한 수 읊었습니다.

정몽주

고려 말의 충신으로 24세에 3번의 과거 시험에 연달아 장원 급제하였습니다. 고려 삼은 중 하나이며 명나라 사신으로 가서 명나라와의 국교 회복에도 큰 역할을 했습니다. 또한 유학을 전해, 불교의 폐단을 막으려 노력했습니다.
시와 산문에도 뛰어나 〈단심가〉 외에 많은 한시가 전해지며 글씨와 그림에도 뛰어났습니다.

○ 정몽주

이 몸이 죽고 죽어 일백 번 고쳐 죽어

백골이 진토되어 넋이라도 있고 없고

임 향한 일편 단심이야 가실 줄이 있으랴.

> ✓ **이방원**
>
> 태조의 다섯번 째 아들로 아버지 이성계가 조선을 건국할 때 크게 공헌하였습니다. 정종 때 넷째 형 방간이 이방원 일당을 제거하려 하자, 이를 평정한 뒤 조선 3대 왕(태종)으로 즉위하였습니다. 특히 태종은 왕권 확립 과정에서 왕후(원경왕후)의 4형제를 모두 없애기도 하였고 세종에게 왕위를 물려줌으로써 새 왕조의 기틀을 세웠습니다. 재위 기간은 1400~1418년입니다.

정몽주의 단심가를 들은 이방원은 인상을 찌푸렸습니다.

왜냐하면 정몽주의 시조는, 자신이 일백 번이나 죽는다 하더라도 고려 왕조에 대한 충성은 변함이 없다는 뜻이기 때문입니다.

정몽주의 마음을 돌리기 어렵다고 판단한 이방원은 즉시 부하에게 정몽주를 없애라고 일렀습니다.

그날 밤, 정몽주가 집으로 돌아가는 길이었습니다. 선죽교를 지나는데, 괴한들이 앞을 가로막았습니다. 괴한은 당장이라도 내려칠 기세로 커다란 철퇴를 들고 있었습니다.

그러나 정몽주는 전혀 당황하지 않고 괴한에게 물었습니다.

"이성계가 보냈느냐? 나를 죽이라 하더냐?"

"장군의 명령이 아니라 하늘의 명령입니다."

"뭣이! 이 쥐새끼만도 못한 놈! 둘러댈 말이 없어 하늘을 운운하느냐? 그러고도 하늘이 두렵지 않더냐? 너 같은 놈

◐ 선죽교. 정몽주가 이방원의 부하에게 철퇴를 맞고 숨진 곳

들이 조정의 녹을 먹고사니 원통하고 분하구나."

바로 그 순간, 괴한의 철퇴가 공중을 갈랐습니다. 곧 선죽교는 정몽주의 피로 물들었습니다.

1392년(공양왕 4년) 4월 4일의 일입니다.

3단계 작전. 새 나라는 새 도읍에서!

이성계가 공양왕을 몰아내고 새 임금이 된 직후의 일입니다. 이때까지 이성계는 개경에 머물러 있었습니다. 국호 역시 그대로 '고려(高麗)'라 칭하고 의장(의식을 행하는 장식이나 장치)과 법제도 모두 고려의 것을 따랐습니다.

뿐만 아니라 이성계는 무엇이 그리 떳떳하지 못했는지 임금이 되었으면서도 자신을 왕이라 부르지 못하게 했습니다.

"나는 잠시 나랏일을 맡았을 뿐이오. 그러니 나를 '권서국사'라 부르시오."

◐ 수창궁의 용머리. 수창궁은 개국 초기에 지어진 별궁으로 이성계는 이곳에서 즉위하였다.

권서국사란, 임시로 나랏일을 맡아 처리하는 사람을 뜻하는 말이었습니다.

이성계는 백성들의 마음이 두려웠던 모양입니다. 그도 그럴 것이 충성심이 높은 백성들은 이성계를 따르려 하지 않았습니다. 선비들도 마찬가지였습니다. 이방원을 가르치던 원천석은 이성계가 임금이 되자 느닷없이 개경을 떠나 치악산 깊숙이 숨어 버렸습니다.

옛 고려의 충성스러운 선비 72명은 새 왕조에 철저히 등을 돌리고자 두문동이라는 고을로 들어가 버렸습니다. 그들을 나오게 하려고 불을 질렀지만 모두 나오지 않아 불에 타 죽고 말았습니다. 그들은 죽음을 택할지언정 고려를 배반할 수는 없었던 것입니다.

그뿐만이 아닙니다. 이성계가 잠자리에 들 때마다 꿈속에 왕건이 나타나 호통을 쳤습니다.

"네 이놈, 이성계야! 네 어찌 고려를 빼앗았느냐!"

이성계는 마음이 편치 않았습니다.

이 즈음 이성계의 충성스러운 신하 정도전이 찾아와 말했

✅ 원천석

고려 말, 조선 초의 문인으로 이방원을 가르쳤으나 이방원이 태종에 즉위하자 벼슬을 마다하고 치악산에 들어가 은둔 생활을 했습니다.
저서로 《야사》, 《회고가》가 있으며, 책의 내용에는 고려에 대한 충심이 담겨 있다고 합니다.

✅ 두문불출(杜門不出)

'두문불출'은 문을 꼭 닫아걸고 집밖으로 나오지 않는다는 뜻입니다. 고려 말, 선비 72명이 두문동에 들어가 이성계의 명령에 불복하여 고려에 대한 충절을 지킨데서 유래한 말이에요.

습니다.

"상감마마, 아무래도 개경의 터가 나빠 그런 듯하오니 다른 곳으로 도읍을 옮기시옵소서. 나라 이름 또한 '조선'으로 바꾸시옵소서. 그러면 백성들이 마마를 따를 것으로 사료되옵니다."

이성계는 고개를 끄덕였습니다. 그리하여 태조 이성계는 왕위에 오른 지 2년째인 1393년 2월, 나라 이름을 '조선'이라 정하고 온 나라에 알렸습니다.

그리고 성석린, 권중화, 무학 대사를 불러 새 도읍지를 알

✔ 풍수지리설

풍수지리설은 산세, 지세, 수세 등을 보고, 인간의 길흉화복을 짐작하는 것으로 삼국 시대에 들어와 고려 시대에 널리 퍼진 사상입니다. 이성계가 고려의 도읍이었던 개경에서 조선의 도읍을 새로이 정하려고 했던 이유도 바로 풍수지리설 때문이었죠.

◐ 1750년대에 그려진 도성도. 조선 시대에 한양을 그린 도성도는 40여 종 100여 점에 달한다.

○ 한양성 성벽

✓ 하륜
고려 말, 조선 초의 문인으로 왕자의 난 때 이방원을 도와 공을 세우고, 태종이 즉위하자 좌명공신이 됩니다. 이첨과 함께 〈동국사략〉, 〈태조실록〉 편찬을 지휘하였습니다.

아보라고 하였습니다.

이성계는 처음에 계룡산 아래에 도읍을 정해 성석린과 권중화에게 계룡산 아래에 궁궐을 지으라고 했습니다. 곧 새 궁궐을 짓기 위한 설계 도면이 만들어졌고, 공사가 시작되었습니다.

그런데 공사가 한창 진행 중이던 어느 날, 이성계의 충성스러운 신하 하륜이 달려와 말했습니다.

"상감마마, 계룡산은 반역이 일어날 기운이 있는 땅이니 피하셔야 하옵니다."

공사는 멈췄지만 옛 나라 고려의 도읍에서 하루라도 빨리 벗어나고 싶은 이성계의 생각은 변함 없었습니다.

이성계는 무학 대사와 함께 직접 도읍이 될 만한 곳을 찾아 나섰습니다.

어느 날, 한강이 훤히 내려다보이는 언덕에 이른 이성계가 손뼉을 쳤습니다.

"바로 이곳이오. 뒤로는 산이 막아 온화하고 앞으로는 큰 강이 펼쳐졌으니 나라가 번성할 것이오."

무학 대사도 이성계의 말이 옳다고 생각했습니다.

이성계는 즉시 한양(지금의 서울)에 궁궐을 지으라고 명했습니다.

그리하여 1393년 9월에 공사를 시작하여 1396년 9월에 이르기까지 궁정과 4대문(숙청문(북대문), 흥인지문(동대문), 숭례문(남대문), 돈의문(서대문)을 이르지요), 4소문(광희문, 소덕문, 창의문, 홍화문을 이르지요)을 건설하여 왕성의 규모를 갖추었습니다. 한양을 도읍지로 한 조선의 세상이 열린 것입니다.

✓ 남대문? 숭례문?

태조 때 창건된 후 세종 때 크게 개축된 국보 제1호 숭례문은 남대문이라고 불리기도 하지요. 왜 그럴까요? 그것은 일제 시대 단순히 방향을 지칭하는 뜻의 남대문으로 불러 우리 문화를 낮추고자 했던 일본의 의도 때문이랍니다. 하지만 정확한 명칭은 숭례문이라는 것을 알아두면 좋겠지요.

그러나 숭례문은 2008년 2월에 화재로 소실되어 현재 복구 공사가 진행 중이며 2012년에 완공될 예정입니다.

🔽 경복궁 전경과 숭례문

선생님과 역사 읽기 ••• 조선의 도읍 한양을 찾아서, 궁궐을 찾아서

한양이 도읍지가 된 이유

왜 한양이 도읍으로 적당한지 알아볼까요? 한양이 도읍이 될 수 있었던 데는 여러 가지 조건을 두루 갖추고 있었기 때문이에요.

한양은 사방이 산으로 둘러싸여 있어요. 산이 도읍을 보호하듯이 둘러싸고 있으니, 외적이 침입해도 방어하기가 좋지요.

또 한양은 넓은 벌판을 가지고 있어요. 궁궐은 물론이고 백성들의 터전을 만들기에 충분한 공간이지요. 한양의 주변에는 평야가 넓게 펼쳐져 있어서 농사를 짓기에도 그만이에요. 식량까지 갖추었으니 한양만한 도읍지는 없겠지요.

게다가 한양은 한반도의 중심에 위치하고 있어요. 남쪽과 북쪽으로 물자를 운송하기에도 그만이겠지요? 한강을 끼고 있어서 다른 지역으로의 이동도 편리했지요.

이렇게 한 나라의 도읍이 된 곳에는 몇 가지 공통점이 있어요.

첫째, 대체적으로 넓은 평야를 끼고 있어요.

둘째, 큰 강을 끼고 있거나 주변이 산으로 둘러싸여 있거나 큰 산이 주변에 있지요.

셋째, 옛 도읍지인 곳이 현재에는 대도시를 형성하고 있어요. 조선의 도읍, 한양이 현재의 서울인 것처럼요.

경복궁

천 년이 지나도 변치 않을 경복궁

한양으로 도읍을 정한 뒤 가장 시급한 것은 임금이 거처할 곳을 마련하는 일이었어요. 태조는 천 년이 지나도 썩지 않는 나무로 궁궐을 지으라고 명했어요.
"천 년이 지나도 썩지 않는 나무를 어디서 구하지?"
신하들은 태백산의 나무가 재목으로 적당하다고 여기고 강원도 영월로 달려갔어요.

경복궁 근정전. 임금님이 신하들을 양 옆에 세워 놓고 나랏일을 보던 곳이다.

수백 명의 나무꾼들이 태백산의 나무를 베느라 정신이 없었지요. 태백산에서는 하루 종일 나무를 베는 소리가 났어요.
"쓱싹쓱싹! 쾅쾅!"
이렇게 베어진 나무들은 한양으로 옮겨졌어요. 아름드리 나무들은 뗏목에 실린 채로 한강을 따라 한양에 도착했어요. 나무가 도착하자 궁을 짓는 일이 본격적으로 시작됐어요.
태조가 경복궁에 얼마나 공을 들였는지 알 만하지요?

한양성은 풍수지리설에 따라 지어졌어요

태조 이성계에게는 고민이 한 가지 있었어요. 힘들여 세운 경복궁의 기둥이 자꾸 쓰러지는 것이었지요. 아무도 왜 이런 일이 벌어지는지 알 수 없었어요. 이성계는 답답하기만 했어요.

경복궁 경회루. 태종 때 지어 외국의 사신을 접대하거나 나라 안의 큰 잔치가 있을 때 사용하였다.

무학 대사(신원사 대웅전)

"용한 점쟁이를 불러다가 어떻게 된 일인지 알아보거라."
하지만 점쟁이들도 어떻게 된 일인지 알 수 없다고 했어요. 고개만 설레설레 저었지요.
이성계는 궁궐터를 잡은 무학 대사에게 도움을 청하기로 했어요.
"어찌 된 일인지 매번 궁궐 기둥이 무너지오. 방법이 없겠소?"
무학 대사는 궁궐을 꼼꼼히 살폈어요. 하지만 아무리 살펴봐도 무엇이 문제인지 알 수 없었어요. 무학 대사는 무척 속이 상했어요. 나랏일에 도움이 되지 않는 자신이 무척 작게만 느껴졌지요. 그는 궁을 떠나기로 결심했어요.

경복궁 향원정

'그래! 궁에서 떠나자. 도움도 안 되는데 남아 있어서 무얼 하겠는가!' 무학 대사는 궁을 벗어나서 걸었어요. 그런데 웬 노인이 밭을 갈면서 소를 나무라는 소리를 들었어요.
"이 놈이 꼭 미련한 것이 무학을 닮았네."
무학 대사는 얼른 노인에

게 달려가서 합장을 하고 물었어요.
"무슨 말씀인지 가르쳐 주십시오."
그러자 노인이 소리를 질렀어요.
"왜 궁궐의 기둥이 쓰러지는지 정말 모른단 말이냐? 궁궐을 짓고 있는 터를 자세히 보거라. 학이 날개를 활짝 펼친 모양이야. 그러니 학이 날갯짓을 하면 자꾸 기둥이 무너지는 거지."

종묘

무학 대사는 고개를 끄덕였습니다. 정말로 궁궐터가 학의 날개 모양을 닮았다는 생각이 들었어요.

사직단 내부

"그럼 제가 어찌하면 좋습니까?"
무학 대사가 물었지요.
"뭘 어떻게 해! 학의 날개를 눌러서 날개를 꼼짝 못하게 만들어야지. 궁 주변으로 성을 쌓도록 해. 성으로 날개를 누른 후에 궁궐을 지어야지."
무학 대사는 당장 궁으로 돌아와서는 성을 쌓는 일을 시작했습니다.
이렇게 해서 궁궐터를 파 놓은 채로 성 쌓는 일이 시작되었습니다. 한양성이 만들어진 것이지요. 한양성에는 우리가 익히 알고 있는 사대문이 세워졌습니다. 동쪽에 흥인지문, 서쪽에 돈의문, 남쪽에 숭례문, 북쪽에 숙청문이었어요.

세계 문화유산으로 지정된 창덕궁

창덕궁 돈화문

창덕궁 인정전

창덕궁은 1405년에 처음으로 지어졌어요. 경복궁의 동쪽에 위치해 있지요. 당시에는 경복궁이 주로 사용되었기 때문에 창덕궁의 역할은 그리 크지 않았어요. 창덕궁은 세조 시절에 이르러서 15만 평에 달할 정도로 큰 규모를 갖추게 됩니다. 하지만 선조 때 임진왜란(1592년)이 일어나면서 창덕궁을 비롯한 모든 궁궐이 불에 타요.
광해군 때가 되어서야 불에 탄 창덕궁을 다시 지었어요. 그리고 경복궁이 아닌 창덕궁에서 정사를 돌봤어요. 왜냐하면 불에 탄 경복궁을 새로 짓지 않았기 때문이지요. 이후 경복궁이 복원될 때까지 창덕궁이 정궁의 역할을 맡아요. 약 300년 동안 말이지요.
창덕궁은 세계 문화유산으로 지정되어 있어요. 창덕궁의 후원은 다른 궁궐에서는 찾아 볼 수 없는 유일한 것이에요.

창경궁? 창경원?

원래 창경궁의 처음 이름은 수강궁이었어요. 세종대왕이 아버지 태종이 살 곳을 마련하기 위해 지은 것이지요. 1483년 성종이 세 분의 대비를 모시기 위해서 수강궁을 더 확장해서 지었어요. 그리하여 정희왕후(세조의 비)와 안순왕후(예종의 비), 소혜왕후(덕종의 비)가 이곳에 거처하였지요.

창경궁은 임진왜란 때 경복궁처럼 불에 타면서 없어졌어요. 이것을 광해군이 다시 복원했어요. 1911년 창경궁은 이름을 일제에 의해 창경원으로 바뀌었지요. 일본은 1909년에 창경궁 안에 동물원과 식물원을 꾸며 놓고는 일반인에게 궁을 개방했어요. 우리 궁궐의 권위를 바닥에 떨어뜨리려는 일제의 의도가 담겨 있었지요. 창경궁은 1909~1983년까지 놀이 공원처럼 사용되면서 창경원으로 불렸고, 위엄있는 궁의 모습을 잃어버렸어요.

창경궁이 궁의 모습을 되찾기 시작한 것은 1977년 이후예요. 창경궁을 복원하기로 결정한 뒤 1983년 창경궁 안에 있던 동물원과 식물원은 모두 과천에 있는 서울대공원으로 옮겨졌어요. 창경궁이 본래의 이름을 되찾게 된 것은 1986년의 일이에요.

창덕궁 부용정

세종대왕의 훈민정음 만들기 4단계 작전

세종은 백성들을 위한 글을 만들고 싶었습니다. 한자로 우리말을 표현하는 것은 한계가 있었기 때문입니다. 세종은 비밀리에 학자들을 불러 중국에 유학을 보내고 전문 기관을 마련하여 우리글 만들기를 시작합니다.

1단계 작전. 아무도 모르게 하라

'안타까운 일이로다. 중국보다 못한 것이 없는 우리이거늘 어찌 우리만의 문자가 없단 말인가?'

세종이 임금의 자리에 오른 지 몇 년 지난 뒤였습니다. 세종은 이런 생각으로 잠을 이루지 못했습니다. 또 이런 생각도 했습니다.

'지금 쓰고 있는 한자는 양반들만이 쓰는 글이고, 너무 어렵지 않은가? 아아, 백성들도 쉽게 읽고 쓸 수 있는 글이 있다면 얼마나 좋을고.'

이윽고 세종은 새로운 문자를 만들기로 결심했습니다.

하지만 문제가 있었습니다.

'음. 만약 새 글자를 만든다고

하면 몇몇 신하들은 가만 있지 않을 것이로다. 번거로우니 쓰던 것을 쓰자고 할 것이며, 또 어떤 이는 중국을 섬기는 우리나라로서는 한자를 쓰는 일이 마땅하다고 말할지 모른다. 그러하다면…….'

일단 세종은 새 글자 만드는 일을 비밀에 붙이기로 했습니다.

2단계 작전. 중국 학자 황찬을 찾아라

세종은 성삼문과 신숙주를 불러 말했습니다.

"두 사람은 즉시 요동 땅으로 떠나시오."

"전하, 갑자기 요동 땅이라니요? 어쩐 일이시옵니까?"

세종은 놀랄 것 없다며 두 신하에게 이렇게 말했습니다.

"허허허. 내가 듣자 하니 명나라의 황찬이라는 자가 나라에 죄를 짓고 그곳에 유배 중이라 하오. 그런데 두 사람이 알다시피 황찬은 명나라에서도 유명한 학자 아니오. 그를 만나 이런 저런 이야기를 나누다 보면 중국의 훌륭한 학문을 배우고 익힐 수 있지 않겠소?"

"그 이유 때문이라면 서둘러 다녀오겠나이다."

성삼문과 신숙주는 그제야 고개를 끄덕였습니다.

그때, 세종이 한 마디 덧붙였습니다.

○ 세종대왕

신숙주

1438년 과거에 급제하여 서장관 직책으로 명과 일본을 오고 가며 뛰어난 외교술을 뽐냈습니다. 성삼문과 함께 명을 오고 가며 자료 수집과 언어학을 배워 훈민정음 창제에 바탕을 마련했습니다. 조선 초기 세종, 세조, 성종을 모시며 요직을 지낸 공신입니다.

성삼문

1438년 과거에 급제하여 신숙주와 함께 요동에 유배되었던 황찬을 13번이나 찾아가 음운 연구와 훈민정음 창제에 힘쓴 인물입니다. 세조가 단종을 몰아내고 왕위에 오르자 단종의 복위를 추진하다가 밀고에 의해 죽음을 맞습니다.

"물론 그냥 다녀오기만 해서는 안 되오. 두 사람과 황찬이 나눈 이야기를 내게 모두 해 주어야 하오. 알겠소?"

"명심하겠사옵니다, 전하."

세종이 갑자기 두 학자를 요동으로 보낸 데는 남다른 뜻이 있었습니다. 황찬은 중국에서 그 누구에게도 뒤지지 않는 언어학자로 문자나 말, 글과 같은 분야에서는 으뜸이었습니다. 새 글자를 만들기로 한 세종은 바로 이런 학자의 지식이 필요하다고 생각했던 것입니다.

신숙주와 성삼문은 이후에도 몇 번이나 더 요동으로 달려가 황찬을 만나야 했습니다. 물론 돌아와서는 꼬박꼬박 세종을 만나 여러 가지 언어학에 대한 지식을 알려 주었습니다.

그 사이 세종은 정음청이라는 기관을 궁궐 안에 설치했습니다. 정음청은 우리 글자에 대한 연구를 하는 기관이었는데, 세종은 한동안 이곳에서 생활하기도 했습니다.

새 글자를 만드는 작업은 차질 없이 진행되고 있었습니다.

세자인 향과 정의 공주도 은밀히 세종을 도왔습니다.

3단계 작전. 어떻게 무엇을 바탕으로 만들 것인가

세종은 새 글자에 원리와 함께 글자 그 자체가 깊은 뜻을 담고 있어야 한다고 생각했습니다. 그래서 오랫동안 고민하다가 마침내 무릎을 쳤습니다.

'옳거니! 우리는 오래전부터 사람과 땅과 하늘을 우러르고 숭배하였다. 그러니 글자에도 그런 뜻이 담겨야 마땅한 일이로고.'

실제로 그랬습니다.

'하늘'의 아들이 '땅'으로 내려와 '사람'을 다스렸다는 '단군 신화'만 봐도 바로 그러한 우리 민족의 전통을 그대로 담고 있기 때문입니다.

'음. 그렇다면 먼저 세상의 중심인 하늘은 'ㆍ(아래 아, 지금은 쓰이지 않는 글자예요)'로 표현하고, 땅은 'ㅡ'로 나타내야 하겠구나. 그리고 사람은 'ㅣ'로 하면……..'

나머지 여덟 개의 모음(ㅏ, ㅑ, ㅓ, ㅕ, ㅗ, ㅛ, ㅜ, ㅠ)은 이 세 가지의 모음을 조합했습니다. 이렇게 해서 세종은 한글의 모음을 만들었습니다.

이어 자음을 만들었습니다.

> **✓ 정음청**
> 세종 때 세운 언어를 연구하는 기관으로 〈훈민정음〉을 만들었고, 〈용비어천가〉 등을 편찬하였으며 문종 때는 불경을 발행하였습니다. 단종 즉위 후 신하들의 요구에 따라 폐지되었다가 연산군 때 다시 설치하였지만 중종반정 후 다시 폐지되었습니다.

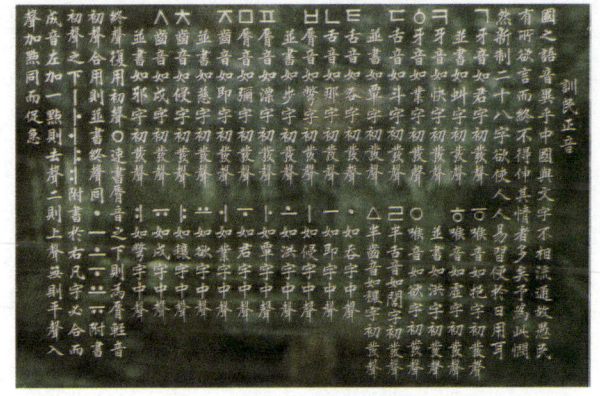

⬆ 훈민정음 해설서(여주 영릉)

'옳지! 자음은 입과 혀의 모양, 발음하는 동안의 입 모양새를 본떠 만들어야겠군. 우선 혀뿌리가 목구멍을 닫고 있는 모양을 본뜨면…… 옳지, 이것을 'ㄱ'이라 하고, 혀끝이 위쪽의 잇몸에 닿고 있는 꼴을 본떠 보면……. 그래 이건 'ㄴ'이라 하면 되겠군. 그리고 목구멍이 동그랗게 말아질 때 나는 소리는 'ㅇ'이라 하고, 입 모양을 오므리면 네모나게 보이니 'ㅁ'이라 쓰자. 그리고 이의 모양대로 'ㅅ'……. 이제 나머지는 이 다섯 개를 가지고 덧붙이고 모양을 달리해 만들면 될 것 같군.'

이렇게 해서 이윽고 1443년 12월, 세종은 마침내 닿소리 17자와 홀소리 11자를 만들었습니다. 그리고 이 새로운 글자를 바른 글이라는 뜻으로 '훈민정음'이라 부르기로 했습니다.

그런데 〈용비어천가〉를 만들어 새 글자를 시험하던 세종대왕 앞에 뜻밖의 장애물이 나타났습니다.

4단계 작전. 나와 토론하여 이길 자는 나오라!

훈민정음이라는 새 글자를 임금이 만들었다는 사실이 알려지자, 궁궐 안팎이 시끄러웠습니다.

특히 집현전에서 학문을 연구하던 학사 최만리가 앞장서서 훈민정음 쓰는 것을 반대했습니다. 이때까지 최만리를 비롯한 양반들은, 글자는 양반들이 배우는 것이지 백성들이 배우는 것은 아니라고 생각하고 있었기 때문이었습니다. 말하자면 글자를 배우는 것은 양반들만이 누리는 특권인데 그것을 백성들에게까지 줄 수 없다는 것이었습니다.

최만리는 상소를 올렸습니다.

> 상감마마, 우리 왕조는 오래전부터 중국을 섬기며 같은 문자(한문)를 써 오고 있나이다. 하온데 언문(당시 한글을 언문이라고 불렀어요)을 만드셨다니 해괴한 일이 아닐 수 없사옵니다.
> 더구나 옛날 신라 때 설총이 만든 이두가 있으니 굳이 필요하다면 이두를 활용해도 좋을 것이옵니다.
> 그러니 언문을 쓰시겠다는 뜻은 거두어 주시옵소서.

세종은 최만리를 엄하게 꾸짖었습니다.

"그대는 어찌하여 오래 전 설총이 이두를 만

든 일은 옳다 하면서 오늘날 그대의 임금이 하는 일은 잘못되었다고 하는가! 그것은 신하된 도리로 따져 볼 때, 불충이 아니더냐."

그러자 최만리는 새 글자를 깎아 내려서라도 왕의 뜻을 굽히려 했습니다.

"상감마마, 무릇 글자라는 것은 그 오묘한 이치와 조화로 만들어지는 것인데, 언문에는 아무런 의미도 없지 않사옵니까?"

세종이 다시 따끔하게 일렀습니다.

"최만리와 내 뜻을 따르지 않는 신하들은 듣거라! 너희가 과연 말과 글에 대한 이치를 알고서 하는 말이냐? 이 새 글자에 우주의 진리가 들어 있음을 아느냐, 모르느냐? 그것도 모르면서 어찌 집현전의 대학자

✓ 최만리

조선 시대 청백리로 꼽히는 인물입니다. 청백리란, 관직 수행 시 청렴, 근검, 도덕, 경효, 인의를 모두 겸비한 이상적인 관직자에게 주어지는 호칭이지요. 하지만 최만리는 세종 때 훈민정음을 반대하는 6조목을 올려 세종의 노여움을 사기도 했습니다.

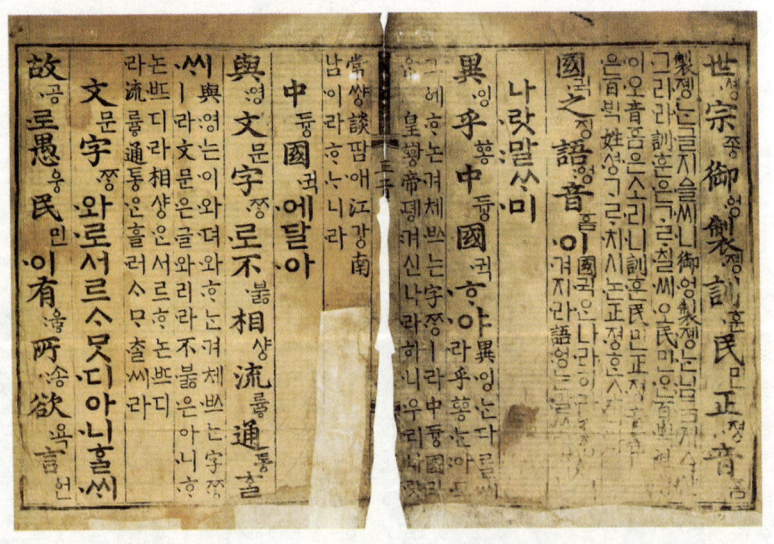

◐ 〈훈민정음〉

라고 할 수 있겠느냐?"

그 말에 최만리는 할 말을 잃고 말았습니다.

최만리는 부끄러웠습니다. 최만리는 집현전에서 두 번째로 높은 사람이었습니다. 말하자면 나라 안에서 가장 뛰어난 학사라고 내세워도 부끄럽지 않던 최만리가 세종의 그 말에 아무런 대꾸도 하지 못한 것이었습니다.

세종은 훈민정음에 끝까지 반대한 학자들을 설득하고 그래도 말을 듣지 않으면 옥에 가두어 귀양을 보냈습니다.

그로부터 3년이 지난 1446년, 세종은 훈민정음을 정식으로 반포했습니다. 우리의 새 글자가 정식으로 탄생한 것입니다.

◐ 집현전 학사들의 연구 모습을 보여주는 부조

✓ 집현전

세종 때 설치된 인재 양성 및 학문 연구 기관입니다. 집현전은 역사, 문학, 과학 등 나라 발전을 위한 학문뿐만 아니라, 왕의 자문 역할도 하였습니다.
단종 복위를 도모하는 인사들이 배출되는 것을 꺼린 세조는 이를 폐지하였습니다.

◐ 훈민정음 반포도

세종대왕의 훈민정음 만들기 4단계 작전

세계가 인정한 한글

이 세상에는 수 천 가지의 말이 있지만, 이 말을 기록할 수 있는 글자는 50여 개 정도밖에 되지 않아요. 우리 한글은 다른 나라보다 뒤늦게 만들어진 문자이지만 굉장히 과학적이에요. 한글은 수천 가지의 말과 소리를 정밀하게 표현할 수 있어요. 소리를 내는 사람의 기관을 본떠서 만들었기 때문이지요. 또 한글은 홑소리와 닿소리의 위치를 바꿔 가면서 만들기 때문에 글자 수를 무한히 만들어 낼 수 있어요.

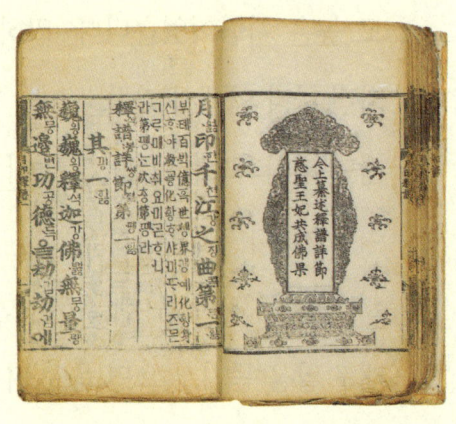

◐ 〈월인천강지곡〉
훈민정음으로 표기되어 있는 가사집(1447년)

정보화 시대를 살고 있는 지금, 한글만큼 합리적인 글자는 없지요. 컴퓨터가 0과 1을 조합해서 계산이 이루어지고 프로그램을 만들어 낸다는 건 알고 있나요? 한글의 닿소리를 0이라고 하고, 홑소리를 1이라고 했을 때, 이를 조합하면 무수히 많은 글자를 만들 수 있어요. 그런 면에서 한글은 컴퓨터의 원리와 아주 비슷해요.

이런 한글의 과학성은 세계에서도 인정하고 있어요. 영국의 컴퓨터 공학자인 샘슨 교수는 한글이 일정한 원리를 바탕으로 만들어졌다는 것을 높게 평가하고 있지요. 한글은 문자가 소리를 반영하고 있어요. 자음이 입술과 혀 그리고 입의 모양을 확실하게 정해 주고 있지요. 자음과 모음의 구별도 확실해요.

우리 한글은 배우기가 쉽고, 글자가 가지고 있는 표현력도 우수해요. 이런 장점을 잘 살려서 우리가 아끼고 발전시킨다면 세계적인 글자가 될 수 있겠지요.

'훈민정음'에서 '한글'이 되기까지

1443년에 처음으로 알려진 새 문자의 이름은 지금의 '한글'이 아니라 '훈민정음'이었지요. 그리고 1446년에 '훈민정음'을 어떻게 사용해야 되는지를 적은 책이 반포되었어요. 이 책의 이름도 〈훈민정음〉이에요. 훈민정음의 첫 부분에는 새 글자를 만든 이유가 나와 있어요. '우리나라 말이 중국의 말과 달라서 문자가 서로 통하지 않으니 어린(어리석은) 백성이 하고자 하는 말이 있어도 그 뜻을 담아서 나타내지 못하는 사람이 많으니라. 내 이를 불쌍히 여겨서 새롭게 스물여덟 자를 만드니 백성들마다 익혀서 일상생활에 편하게 사용하도록 하라.'
세종대왕의 백성을 사랑하는 마음을 느낄 수 있나요?

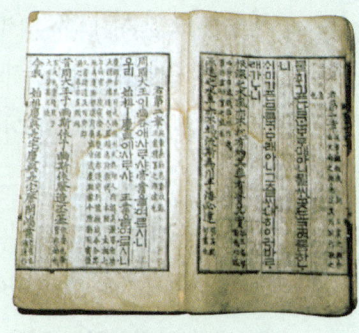

○ 〈용비어천가〉
한글을 실험하기 위해 만든 책으로 왕가의 창업을 알리고 칭송하는 내용이다.

하지만 당시 유학자들은 한글을 좋아하지 않았어요. 심지어 천한 글자라고 반대하는 사람도 있었지요. 1443년 한글이 만들어진 뒤 3년이 지나고 나서야 반포된 것도 그런 이유였어요. 한글 창제에 반대하는 상소가 빗발쳤거든요. 한문을 쓰던 당시 유학자들은 한글을 여성들이 쓰는 글자라고 해서 '암글'이라고 부르기도 했어요. 여성들은 한글을 이용해서 편지를 쓰기도 하고 문학 작품을 쓰기도 했어요.

이렇게 천대를 받았던 한글이 제 이름을 찾은 것은 주시경 선생님에 의해서였어요. 주시경은 문법과 맞춤법을 연구하는 데 한 평생을 바쳤지요. 창제된 지 500년이 지나서야 '한글'이라는 이름을 갖게 된 것이에요.

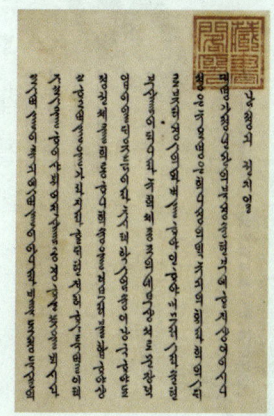

○ 〈사씨남정기〉
조선 숙종 때 김만중이 지은 한글 소설

처음 한글이 반포될 때에는 모음 11자, 자음 17자를 합쳐서 28자였어요. 그런데 오늘날에는 자음 3개와 모음 1개가 사라지면서 24개를 기본으로 사용하고 있답니다.

세종대왕은 언어학자인가, 과학자인가, 음악가인가?

세종은 조선 시대의 그 어떠한 임금보다 많은 업적을 남겼답니다. 특히 지금 우리가 쓰고 있는 한글을 창제함으로써 독특한 우리의 문자를 가질 수 있게 되었지요. 하지만 이것은 세종이 이룩해 놓은 여러 가지 업적 중에서 작은 부분일 뿐이에요.

세종은 무엇보다 과학 분야에서 뛰어난 업적을 이룩했어요. 한낱 노비 출신인 장영실을 기용하여 그로 하여금 수많은 과학 기구를 발명하게 했지요. 당시가 철저한 계급 사회였다는 점을 고려한다면, 노비 출신에게 종3품의 벼슬을 내린 것은 실로 과감한 결단이었지요. 수많은 신하들이 반대했지만 오로지 황희 정승만이 '왕께서는 장영실에게 벼슬을 내리려는 것이 아니라, 그의 재주에 벼슬을 내리려는 것이오.'라면서 세종을 옹호했답니다. 그 덕분에 장영실은 중국에 유학하여 앞선 과학 기술을 배우고 돌아와 물시계를 만들었고, 이어 간의를 비롯한 수많은 천문 기구를 만들었습니다. 해시계와 자격루, 옥루 등을 만든 것도 이때였지요.

◐ 일성정시의. 낮과 밤의 시간을 측정할 수 있는 시계

◐ 측우기

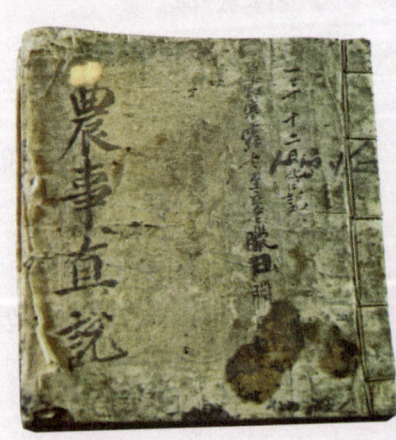
◐ 수표. 한강과 청계천에 설치했던 수위 측정 기구

◐ 〈농사직설〉

세종은 음악에도 관심이 많았어요. 특히 유교 국가인 조선에는 유교 의례에 쓰일 음악이 필요했는데, 음악가 '박연'을 발탁해서 아악을 정비했고 악보도 만들었답니다. 물론 박연의 음악적 재능이 크게 한몫을 했지만, 세종도 그에 못지 않은 음악적 재능을 가지고 있었기에 가능한 일이었지요.

세종은 한편으로는 집현전 학사들에게 명령하여 신하와 백성들이 많은 책을 읽을 수 있도록 서적 편찬에도 힘을 기울였습니다. 〈고려사〉 등의 역사서, 〈삼강행실도〉 등의 유교 경전, 〈팔도지리지〉 등의 지리서, 〈농사직설〉과 같은 농서 등 그 분야도 다양하여 조선 사회가 문화적으로 성장하는 데 큰 역할을 하였답니다.

뿐만 아니라 세종은 국방을 튼튼히 하는 데에도 힘을 기울였습니다. 먼저 세종은 김종서로 하여금 북쪽의 여진을 정벌케 하여 6진 4군을 설치하고, 우리 백성들을 그곳에 살게 함으로써 사실상 영토를 넓혔습니다. 또한 1419년에는 이종무로 하여금 대마도를 정벌케 하여 왜인들을 굴복시키고 이들을 통제하기도 했습니다.

◐ 대마도 정벌도

◐ 6진 개척도

장영실이 남긴 세 가지 과학 문화유산

하나, 앙부일구

앙부일구는 세종의 명령으로 장영실이 만든 해시계예요. 해가 이동하면서 그림자가 바뀌는 모양을 보고 시간을 재는 기구지요. 〈세종실록〉에 앙부일구에 대한 기록이 나와요. 이 해시계는 우리나라 최초로 제작된 시계라는 점에서 의미가 있어요. 오목한 반구형의 시계는 꼭 솥이 하늘을 바라보고 있는 것 같아요. 세종은 백성들이 편하게 볼 수 있도록 이것을 현재 종로 1가와 종로 3가 쪽에 설치했어요. 공공 시계였던 셈이지요. 앙부일구 중에는 휴대할 수 있는 것도 있었어요.

앙부일구 안쪽에는 13개의 위도선과 24절기를 뜻하는 경도선이 그어져 있어요. 시반에는 세로로 시각선을 그어서 시간을 알 수 있게 했어요. 영침은 앙부일구의 정남쪽에 고정했지요.

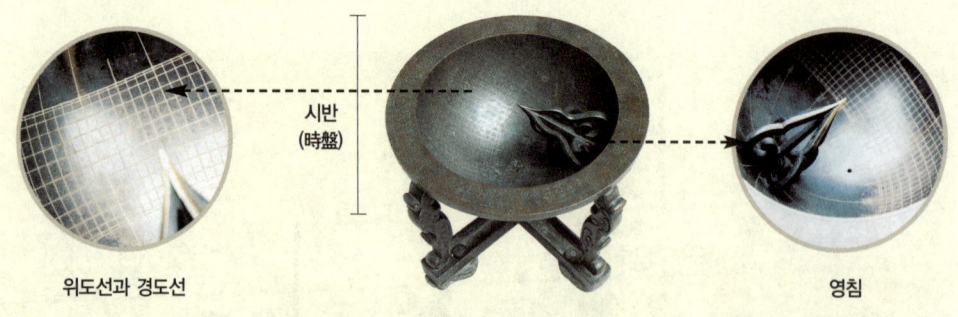

위도선과 경도선 · 시반(時盤) · 영침

둘, 자격루

앙부일구는 시계로 쓰기에는 단점이 있어요. 날이 흐리거나 비가 올 때는 시간을 측정하기가 어렵다는 점이지요. 그래서 공식적인 시계로 사용된 것이 바로 물시계랍니다. 세종 16년인 1434년에 장영실에 의해 만들어졌어요. 현재 덕수궁에 보존된 물시계는 중종 때 다시 만들어진 것이에요. 처음에 물시계는 경복궁 보루각에 설치됐어요.

○ 자격루

셋, 혼천의

조선 시대에는 천문학에 관심이 많았어요. 기상의 변화는 농업에 큰 영향을 미쳤기 때문이지요. 궁중에서는 영의정이 관상감(천문 관측기관)을 담당하기도 했어요. 당시 사람들은 홍수나 가뭄이 드는 것을 국왕이 덕이 부족해서라고 믿었지요. 국왕이 천문 관측에 힘을 쏟는 것이 이해가 되지요? 혼천의는 대표적인 천문 관측기구랍니다. 별의 위치를 관측하는 데 쓰이지요. 혼천의는 하늘이 작은 탁구 공 모양의 둥근 대지를 달걀 흰자 모양으로 둘러싸고 돈다는 '혼천설'을 바탕으로 해서 만든 거예요.

⬆ 혼천의

조선 시대의 또다른 천문 과학 기구

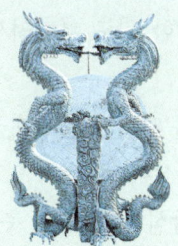

일성정시의 부속품 중 하나인 정극환(북극을 맞추는 데 사용하는 도구)을 물고 있는 두 마리의 용이 돋보이는 시계

천상열차분야지도 모형 우리나라에서 가장 오래된 천문도

관천대 조선 시대 천문을 관측하던 곳

간의 별의 위치 등을 알아보는 관측 기구

혼상 천체의 모습을 본뜬 기구

목륜 시기와 계절별로 별의 움직임을 알아볼 수 있도록 한 천문 관측 기구

선생님과 역사 읽기 ••• 옛날 사람들의 공부법

세종대왕은 어떤 책을 읽었을까?

옛날 선비들의 책장(부분)

세종은 책벌레로 유명했어요. 책을 읽느라고 밥 먹는 것도 잊고, 잠자는 것도 잊을 정도였어요. 독서하다가 눈병에 걸리기도 했지요. 아버지인 태종은 이런 충녕대군(세종이 왕위에 오르기 전 이름)이 염려되었어요. 몸이 아파서 자리에 누우면서까지 책을 손에서 놓지 않았으니까 말이지요. 태종은 하는 수 없이 충녕대군의 책을 모두 빼앗기로 했어요.

"충녕대군의 방에 가서 책을 모조리 압수해 오너라. 한 권도 빠뜨려서는 아니 되느니라."

순식간에 책을 빼앗긴 충녕대군은 이제 무슨 재미로 살아야 할지 막막해졌어요. 이렇게 낙심하고 있는 충녕대군의 눈에 책 한 권이 보였어요. 신하들이 미처 챙기지 못한 책이 병풍 밑에 있었던 거지요. 충녕대군은 기쁜 마음으로 책을 집어 들었어요. 그리고 곧 실망하고 말았지요. 충녕대군이 별로 좋아하지 않는 시집이었어요.

충녕대군은 책을 많이 읽기는 했지만, 좋아하는 책만 골라 읽는 습관이 있었어요. 시집의 경우에는 말장난 같다고 생각해서 멀리 했던 책이지요. 하지만 읽을 책이 한 권도 없었기 때문에 충녕대군은 시집이라도 읽어야겠다고 생각했어요.

시집을 읽던 충녕대군은 큰 감명을 받았어요. 그리고 지금까지 자신의 독서 습관에 대해 반성하게 됐어요. 세상에 버릴 책이 하나도 없다는 걸 알게 된 거지요.

이후 충녕대군은 여러 분야의 책을 골고루 읽었어요. 농업, 군사, 의학, 천문, 문학, 음악 등

모든 분야의 서적을 말이지요.
충녕대군은 왕이 되어서 여러 분야에 걸쳐서 나라의 기반을 다졌어요. 이것은 다양한 분야의 책을 습득했기 때문에 가능한 일이었지요.

왕의 공부법

충녕대군의 독서도

왕은 한 나라를 이끄는 사람으로서 어린 시절부터 공부를 게을리 해서는 안 되었어요. 많은 것을 알고 있어야 나라를 현명하게 다스릴 수가 있었지요. 그래서 세자는 어릴 때부터 공부를 했어요. 아침, 점심, 저녁 세 번으로 나눠서 공부를 했는데, 이때 세자의 공부 시간을 '서연'이라고 불렀어요.

세자는 〈천자문〉, 〈동몽선습〉, 〈소학〉, 〈효경〉 등의 책으로 공부를 한 후에 〈대학〉, 〈논어〉, 〈맹자〉, 〈중용〉, 〈상서〉, 〈시경〉 등의 책을 읽어야 했어요.

세자의 선생님은 누가 맡았을까요? 당대의 훌륭한 학자는 물론이고 영의정과 좌의정, 우의정이 세자의 공부를 검사했어요. 질문을 통해 제대로 공부를 하고 있는지 확인했고, 혹시라도 게으른 면이 보인다면 바로 왕에게 이를 보고했어요. 그러면 세자는 왕에게 불려 가서 꾸지람을 들어야 했답니다.

자, 이렇게 열심히 공부를 했으니 왕이 되어서는 더 이상 할 게 없었을까요? 아니에요. 왕 역시도 날마다 공부를 해야 했어요. 이를 '경연'이라고 해요. 왕은 집현전과 홍문관의 학자에게 유교 경전을 배웠어요. 또 왕과 정승들이 모여 앉아서 나랏일의 의논하

세자가 입학하는 장면

지방 교육 기관이었던 향교(거제향교)

기도 했지요. 경연에 착실하게 임하는 왕들은 나라의 정치도 잘했어요. 우리가 잘 알고 있는 세종도 경연에 빠지지 않고 참석했어요. 반면에 폭군으로 알려진 연산군은 경연을 참석하지 않는 것은 물론이고 이를 없애기까지 했어요.

과거 시험이 수학능력시험보다 어려웠을까요?

과거 시험이 언제 시작되었는지 또 얼마나 어려웠는지 궁금하다고요?
먼저 중국의 과거 제도에 대해 알아봐야 해요. 우리나라의 과거 제도는 중국을 본떠서 만들었거든요. 과거 제도는 중국 한나라 때 처음으로 시작됐어요. 우수한 인재를 추천 받은 후에 이들을 모아서 시험을 보게 했어요. 이때 좋은 성적을 받은 사람들은 관리가 될 수 있었지요. 과거 제도가 격식을 갖춘 때는 수나라와 당나라 때예요. 당나라에서는 수재, 명경, 진사 등의 과목을 시험 과목으로 정했어요. 수재는 정치와 관련이 있고, 명경은 유학과 관련이 있어요. 진사는 문학과 관련이 있지요. 그런데 과거 시험이 거듭될수록 수재는 축소되었고, 명경과 진사를 주된 시험으로 하였어요. 특히 진사에 합격한 사람 중 가장 높은 성적을 받은 사람을 '장원'이라고 불렀어요. 또 급제자 중에 가장 나이가 어린 합격자를 '탐화'라고 불렀지요.
우리나라에서도 과거 시험을 보기 시작했어요. 제일 먼저 시행했던 때는 신라 때 상·중·하 3품으로 나누어서 관리를 뽑던 독서삼품과에서 시작되었지요. 하지만 이때는 귀족들의 반대로 인해서 제대로 시행될 수 없었어요.
우리나라가 본격적으로 과거 제도를 시행한 것은 고려 광종 9년 때였어요. 후주(後周) 사람이었던 쌍기가 고려에 귀화하면서 건의한 것이 바로 과거 제도였어요. 과거를 통해 인재를 등용하고 호족의 세력을 누르기 위한 목적이었지요. (고려 시대의 과거 제도 ☞ 23쪽)

조선 시대에 오면서 과거의 중요성이 더해졌어요. 무과보다는 문과를 중요시했지요. 주로 유교적 교양을 시험하는 것이었어요. 법으로 일반 평민이 시험을 보는 것이 금지되지는 않았지만, 실제로

과거 시험 재현도

합격된 사람들의 대부분은 양반이었어요. 평민들은 생업에 힘을 쏟느라 시험을 볼 만한 여유가 없었지요.

조선 시대 양반의 자식들은 대부분 서당에서 공부를 했어요. 그리고 소과에 응시했고, 이것을 통과하면 생원과 진사가 될 수 있었어요. 이들 중에는 하급 문관이 되거나 다시 대과에 응시하는 사람도 있었어요. 대과는 생원과 진사 그리고 성균관 유생들이 응시를 했어요.

합격한 사람들은 갑과, 을과, 병과로 나뉘었지요. 갑과 장원 급제자는 종 6품 이상의 벼슬을 할 수 있었어요. 병과 합격의 경우는 정 9품 이상의 관리가 되었지요. 무과 시험의 경우는 창던지기와 활쏘기, 그리고 병법 등을 시험으로 쳤어요. 무과의 경우는 문과에 비해 신분 제약이 덜했어요. 그래서 양인들이 응시하는 경우도 많았지요.

과거는 3년에 한 번씩 정기적으로 있었고 이것을 '식년시'라고 해요. 또 나라에서 경사가 있을 때 이를 기념하기 위해 시험을 열

과거에 급제한 선비에게 씌워 주는 어사모

었는데 이것은 '증광시'라고 해요. 마지막으로 임금이 특별히 명령해서 시험을 여는 경우가 있었는데 '별시'라고 하지요. 과거 제도는 나라의 인재를 등용하는 데 중요한 역할을 맡고 있었어요. 하지만 조선 후기에 오면서 과거 제도에 문제가 생기기 시작했어요. 당파 싸움의 영향을 받기 시작한 거지요. 과거에 합격해도 관리가 되지 못하는 일이 생겼고, 장원 급제한 사람보다 겨우 합격한 사람이 높은 벼슬을 차지하기도 했어요. 돈과 뇌물을 통해서 말이에요. 제 역할을 하지 못했던 과거 제도는 갑오개혁 때 폐지되었어요.

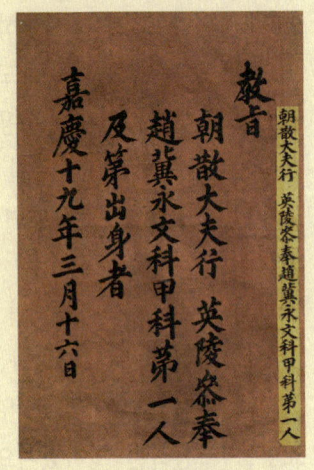

홍패. 과거 시험 합격자에게 주는 증서

과거 시험 때도 지금처럼 부정행위가 있었을까요?

조선 시대에도 과거가 중요시 되면서, 부정행위를 저지르는 자들이 생겼어요. 특히 초기에는 과거 시험이 3년에 한 번 있다 보니까 탈락을 하면 다시 긴 시간을 공부해야 했지요. 이런 부담감 때문인지 부정행위가 속속 나타나기 시작했답니다. 나라에서는 이런 부정행위를 막기 위해 여러 가지 방법을 동원했어요. 대표적인 것이 바로 도장을 사용하는 거였지요.

조선 시대에는 여러 도장을 만들었어요. '이석, 환권, 설화, 고반, 음아, 불완'이라는 글자가 새겨진 도장이었지요.

'이석'은 수험생이 자리를 뜰 때 찍는 도장이었고요, '환권'은 답안지를 바꿀 때 찍는 도장이었어요. '설화'는 옆 사람과 말을 주고받을 때 찍는 도장이었어요. 당시 양반 자제들 가운데는 똑똑한 사람을 시험장에 함께 데려가서 자신이 모르는 문제를 도움 받는 경우가 종종 있었거든요. '고반'은 눈을 돌려서 옆 사람의 답안지를 훔쳐볼 때 찍는 도장이지요. 요즘에는 커닝이라고 부르지요? 예전에도 이렇게 감독자 몰래 남의 답안지를 보는 사람이 있었나 봐요. '음아'는

조선 시대 사람들이 쓰던 필통

입 속으로 답을 웅얼거릴 때 찍는 도장을 말해요. '불완'은 시간이 다 됐는데도 불구하고 답안지를 제출하지 않는 사람에게 찍는 도장이지요. 감독관들은 사정을 봐 주지 않고 시험지에 위와 같은 도장들을 찍었어요.

그런데 부정행위는 시험을 보는 사람만 하는 게 아니었어요. 채점자들 가운데도 부정행위를 저지르는 관리가 있었지요. 자신과 친분이 있거나 뇌물을 받은 경우에는 몰래 좋은 점수를 줄 수도 있었으니까요. 이를 막기 위해서 채점을 할 때는 이름 부분을 종이로 가려서 보이지 않게 했대요.

글씨체로 짐작하면 어떻게 하냐고요? 이것도 문제없어요. 시험지를 걷은 후에 응시자들의 답안을 붉은 글씨로 일일이 베껴 썼대요. 이렇게 하면 응시자가 시험지에 남긴 부정행위의 흔적을 없앨 수 있었지요. 베껴 쓰다가 글자를 틀릴 경우에는 노란 글씨로 수정을 하고 '황권'이라는 도장을 찍었어요. 이렇게 하면 채점자가 누구의 답안인지 알기 어려웠겠지요.

옛날 학교

하나, 성균관

조선 시대 최고의 교육 기관은 성균관이에요. 태조 때 세워진 성균관은 생원과 진사들이 입학할 수 있었어요. 즉 소과에 합격한 사람들이 성균관에 들어올 수 있었지요.

나라에서는 유생들을 데려다가 수준 높은 유학 공부를 시켰어요. 유생들은 공부는 물론이고 성현들에 대한 제사도 지냈어요. 학문을 강의하는 곳인 명륜당은 기숙사인 동재와 서재 그리고 성현들께 제사를 올리는 문묘 등으로 구성되었어요. 유생들은 하루 종일 성균관에서 보내면서 공부는 물론이고 행동까지 엄격하게 관리 받았어요. 계획된 일정에 맞춰서 공부를 해야 했고, 행동이 바르지 못한 자는 쫓겨나기도 했어요.

성균관 책임자는 대사성으로 정 3품의 벼슬을 가

서당에서 공부하는 아이들(김홍도 그림)

지고 있었어요. 그 아래 좨주, 악정, 직강, 박사, 학정, 학록, 학유 등의 관직이 있었지요. 성균관 유생들은 나라 일에도 적극적인 관심을 보였어요. 정치가 제대로 되지 않을 때는 상소를 올리거나 단식을 하기도 했어요.

이렇게 국가에서 직접 운영하는 교육 기관은 고려 시대부터 있었어요. 고려 시대에는 '국자감'이라는 교육 기관이 있었지요. 992년에 중국의 '경학'이 전해졌고, 고려는 이름을 '국자감'으로 바꿔서 설치했어요. 이후 1275년 충렬왕이 임금이 되면서 다시 이름을 '국학'으로 바꿨다가, 1298년에 '성균감'으로 변경했어요. 성균관으로 불린 것은 1308년 충선왕이 즉위했을 때였지요. 그러다 공민왕 때 국자감으로 바뀌었군요. 그리고 1362년에 다시 성균관이라는 이름으로 불리면서 조선 시대까지 이어졌어요.

둘, 서원

중앙에 교육 기관으로 성균관이 있다면, 지방에는 향교가 있어요. 향교는 태조가 고을마다 하나씩 설치하게 했어요. 성균관과 마찬가지로 유교 공부도 하고, 선현들께 제사도 올리는

이황의 제자들이 이황의 학덕을 기리기 위해서 세운 도산 서원

곳이었지요. 하지만 향교는 시간이 흐름에 따라 제 역할을 하지 못했어요. 향교에서 학생들을 지도하는 것을 부끄럽게 여기는 선생도 있었지요. 이를 보완하기 위해 등장한 것이 바로 서원이에요.

서원 가운데 유명한 것이 바로 주세붕의 백운동 서원이에요. 최초의 사액 서원이지요. 사액 서원은 국왕으로부터 책과 토지 그리고 노비 등을 받은 서원을 말해요. 당시 서원이 국가로부터 인정을 받았음을 알 수 있지요. 이황은 서원이 있어야 하는 이유를 이렇게 말했대요.

"성균관은 어진 선비들이 스스로 교육을 해 나가겠지만, 지방 향교는 한낱 글자를 익히는 곳으로 남았을 뿐입니다. 참된 교육이 무너지면서 선비는 향교에 몸을 담고 있는 것을 부끄럽게 생각합니다. 사정이 이러니 어찌 향교가 제 역할을 다 할 수 있겠습니까? 만약 서원이 흥하게 되면 지방의 교육이 피폐해지는 것을 막을 수 있으며, 배우는 사람들도 의지하는 마음이 생길 것입니다. 또 배움의 깊이도 더해 가겠지요."

이황의 동상

이황은 벼슬에 욕심을 둔 자보다는 진짜로 학문에 뜻이 있는 자들을 모아서 가르쳤어요. 또 서원에서는 학문을 가르치는 것은 물론이고 향교처럼 선현을 받드는 제사까지 함께 맡았어요. 초기 서원은 향촌의 질서를 잡는 것은 물론이고 성리학이 지방에 퍼지는 데 큰 역할을 했어요. 하지만 후기로 갈수록 학연과 지연을 바탕으로 한 이익 집단으로 변질되고 말았답니다. 결국 흥선 대원군 때 서원 철폐령이 내려졌습니다.

병산 서원. 서원은 조선 시대 선비들의 교육 기관이자 사림 세력을 키웠던 곳이다.

어린 임금 단종의 수난과 사육신

열두 살이라는 어린 나이에 왕위에 오른 단종은 힘이 없었습니다.
그리고 단종의 곁에는 왕의 자리를 탐하던 숙부, 수양대군이 있었지요.
결국 수양대군은 단종을 위협하기 시작합니다.

1452년, 문종의 뒤를 이어 왕위에 오른 단종은 겨우 열두 살이었습니다. 어린 임금이 즉위하자 나랏일은 재상들이 돌보았고 힘을 잃은 왕실은 허수아비와 다를 게 없었습니다. 더구나 세종의 명으로 북방을 개척하고 여진족을 물리쳤던 김종서의 권위가 높아지자, 수양대군의 불만은 컸습니다.

"어린 임금으로 인해 왕실의 권위가 땅에 떨어졌구나! 잃어버린 왕실의 권위를 반드시 되찾고 말리라!"

단종의 숙부이자 세종의 둘째 아들이었던 수양대군은 일찍부터 다른 마음을 품고 있었습니다. 왕실의 권위를 되찾겠다는 것은 구실에 불과

했고 어린 조카를 내쫓고 왕위를 빼앗을 욕심에 사로잡혀 있었습니다.

한명회를 비롯한 책략가와 무사들을 집으로 불러 모으며 기회를 기다리던 수양대군은 마침내 일을 벌였습니다.

1453년, 계유정난을 일으킨 수양대군은 김종서를 죽이고 대궐로 향했습니다.

"김종서가 재상들과 작당해 안평대군을 임금으로 추대하고 역모를 꾸몄나이다. 상감께 아뢸 겨를이 없어 김종서를 먼저 없앴으니 안심하소서!"

김종서가 죽었다는 이야기를 전해들은 단종은 겁에 질려 부르르 떨었습니다. 수양대군은 군사들로 하여금 대궐을 지키게 하고 왕명을 빙자해 대신들을 불러들였습니다.

영문을 모르고 대궐로 들어오던 대신들을 기다리는 것은 살생부였습니다. 죽이고 살릴 대신들의 이름을 적어 놓은 살생부에 이름이 오른 대신들은 죽음을 피할 길이 없었습니다.

"안평대군을 강화도로 귀양을 보내거라!"

○ 안평대군 글씨

> ✅ **칠삭둥이 한명회**
>
> 일곱달만에 태어난 칠삭둥이 한명회는 어렸을 때 신숙주와 친구였습니다. 하지만 신숙주와는 달리 공부에 뜻이 없어 과거에도 번번이 떨어졌습니다. 38세 늦은 나이에 관직을 얻게 된 한명회는 수양대군을 만나면서 뜻을 펼치게 됩니다.

수양대군은 동생이던 안평대군마저 귀양을 보냈다가 사약을 내려 죽였습니다. 이렇듯 방해가 되는 인물들을 모조리 제거한 수양대군은 스스로 영의정에 올라 조정의 모든 권력을 움켜쥐었습니다.

"하늘과 백성들이 모두 수양대군을 따르고 있으니 왕위에서 물러나시옵소서!"

안팎이 모두 수양대군의 무리뿐이던 궁궐에서 단종은 더 이상 견딜 수가 없었습니다. 결국 두려움과 괴로움으로 눈물을 머금고 수양대군에게 왕위를 내주었습니다.

이렇게 왕위에 오른 수양대군이 바로 조선의 제7대 임금, 세조였습니다.

어린 조카에게 왕위를 빼앗은 세조의 앞날은 순탄치 않았습니다. 도리와 법도를 중요하게 여기며 유학을 공부했던 선비들은 결코 세조를 인정할 수가 없었습니다.

"신하가 어찌 임금을 바꿀 수 있으며, 두 임금을 섬길 수 있겠는가!"

슬픔에 젖은 선비들

은 미련 없이 관직을 버렸고, 뜻있는 선비들은 울분을 감추지 못했습니다. 일찍이 세종의 총애를 받았던 집현전 학사 출신의 성삼문, 박팽년 같은 신하들의 슬픔은 이루 말할 수가 없었습니다.

○ 사육신 사당

"수양대군을 임금이라 할 수 없소. 창덕궁에 계신 단종을 다시 모셔야 하오!"

성삼문과 박팽년은 유응부, 하위지, 유성원 등과 함께 뜻을 모아 거사를 논의했습니다. 그러던 어느 날, 세조가 창덕궁에서 명나라 사신을 맞이해 잔치를 벌인다는 소식이 들려왔습니다.

"마침 내가 칼을 들고 임금을 보좌할 수 있으니 이보다 더 좋은 기회가 없을 것이오!"

무장이었던 유응부는 임금을 호위하는 임무를 맡을 수 있었습니다. 성삼문의 부친이던 성승 또한 유응부와 함께 보검잡이를 할 수가 있었습니다.

"기회를 노렸다가 수양대군을 죽이고 나서 한명회 일파를 모조리 없애 버립시다!"

단종을 복위 시키려는 계획은 순조롭게 진행되는 듯 보였

✓ **사육신과 성삼문 시**

단종의 복위를 추진하던 성삼문은 세조에 대항하다 목숨을 잃습니다. 다음은 성삼문이 임종 전에 읊은 시입니다.

"북소리 목숨을 재촉하는데 머리 돌려 바라보니 해도 저무네. 황천 가는 길엔 객점 하나 없다 하니 오늘 밤 뉘 집에 가 잠을 자리오……."

보통 사육신이라 하면 성삼문을 비롯하여 박팽년, 유응부, 이개, 하위지, 유성원 등 6명을 말하지만, 최근에는 김문기를 더하여 사육신과 함께 추모하고 있습니다.

습니다. 그러나 뜻하지 않은 곳에서 일이 틀어지고 말았습니다. 성삼문과 박팽년의 움직임을 눈여겨보고 있던 한명회가 세조에게 아뢰어 보검잡이를 세우지 않았던 것입니다.

"한명회가 거사를 눈치챘을지 모르오. 이렇게 된 이상, 당장 달려가 해치워야 하오!"

"이번에는 일이 어렵게 되었소. 다음 기회를 기다립시다."

좋은 기회를 안타깝게 놓쳐 버린 유응부는 몹시 원통해 했지만 신중한 성삼문의 뜻대로 거사를 뒤로 미룰 수밖에 없었습니다.

그러나 단종을 다시 세우고자 했던 이들의 계획은 끝내 성사되지 못했어요. 거사에 참여했던 김질이 두려움에 빠진 나머지 한명회에게 고자질을 해 버린 것이었습니다.

"성삼문과 박팽년 일당들을 잡아들여라!"

김질의 배신으로 거사가 탄로 나자, 성삼문과 박팽년 등은 모진 고문을 받아야 했습니다.

"너희는 어찌해 임금인 나를 배반하고 감히 역적모의를 하였느냐! 지금이라도 뉘우치면 죄를 용서해 주겠노라!"

분노한 세조가 다그쳤지만 성삼문을 비롯한 이들의 태도는 너무도 의연했

습니다.

"수양대군을 임금으로 섬긴 일이 없는데 어찌 역적모의를 했다할 수 있으며, 죄를 지은 일이 없는데 어찌 용서를 빌겠소이까? 우리의 임금은 오직 한 분뿐이오!"

조카에게서 왕위를 찬탈한 세조를 끝내 인정하지 않은 이들은 참혹한 고문을 받다가 목숨을 잃고 말았습니다. 죽음으로 자신들의 절개를 지켰던 이들은 훗날, 사육신으로 불리며 역사에 이름을 남겼습니다. 그리고 세조의 왕위 찬탈에 반대하며 벼슬길에 나가지 않고 초야에 묻혀 살았던 김시습, 이맹전, 조여, 원호, 성담수, 남효온은 생육신이라 일컬어지고 있습니다.

세조는 많은 이들의 피를 뿌리며 오른 왕위를 지키기 위해 더 많은 사람들의 목숨을 빼앗아야 했습니다. 더구나 사육신이 죽어 가면서까지 복위시키려했던 단종을 그대로 둘 수가 없었습니다.

"단종의 신분을 노산군으로 낮추고, 강원도 영월의 청령포로 귀양을 보내도록 하라!"

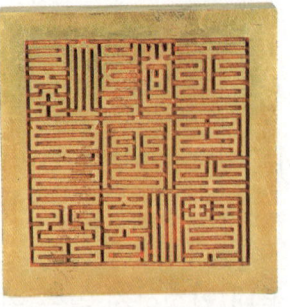

○ 단종과 단종비의 어보

숙부에게 왕위를 빼앗기고 귀양을 떠나야 했던 단종의 고통은 이루 말할 수가 없었습니다. 깊은 산속의 초막집에서 변변한 의복과 음식도 없이 보내야 하는 유배 생활은 너무도 비참했습니다.

어린 단종은 슬픔에 젖어 하루하루를 보냈습니다. 적막함과 그리움을 달래 주는 건 새소리와 바람 소리뿐이었습니다. 그러나 단종의 고단한 생활도 오래가지 못했습니다.

세종의 여섯 째 아들이던 금성대군이 이보흠과 더불어 단종을 복위시키려다가 발각되자, 그 불똥이 단종에게 튀고 만 것이었습니다.

✓ **장수 왕과 단명 왕**

최고의 장수 왕은 영조로 83세까지 살았지만 17세 어린 나이로 죽은 단종은 그와는 반대의 경우였지요.

○ 단종 왕릉

단종을 복위시키려는 움직임이 끊이지 않자 세조는 몹시 불안했습니다. 백성들의 민심마저 어린 단종에게 기울고 있었기 때문입니다.

"후환을 없애기 위해서라도 단종을 죽여야겠구나!"

세조는 단종을 살려둘 수가 없었습니다. 결국 세조의 명으로 사약을 받은 단종은 어린 나이에 한 많은 죽음을 맞이하고 말았습니다. 단종의 죽음을 전해 들은 정순왕후(단종의 비)는 밤낮으로 눈물을 흘리며 슬퍼했습니다.

◐ 〈월인석보〉 필사본. 훗날 자신의 잘못을 뉘우친 세조는 속죄의 뜻으로 불교 경전을 한글로 번역하여 편찬하기도 했는데 그중 하나가 〈월인석보〉이다.

이후, 세조는 왕권을 강화시키며 나라 살림과 군사력을 크게 키워 나갔습니다. 더불어 호패법을 다시 실시해 백성들의 실태를 파악했고 도둑을 없애기 위해 애를 썼습니다. 또한 왜인과 여진족을 토벌하며 나라의 힘을 과시하기도 했습니다.

그러나 세조는 어린 조카로부터 왕위를 빼앗았다는 오명에서 결코 벗어날 수 없었습니다.

저기요, 선생님! 이런 게 궁금해요

어린 임금 단종의 수난과 사육신

조선을 이끌어 나간 성리학

조선을 건국하고 이끌어 나간 사상은 성리학이었습니다. 성리학은 중국 송나라 때 주희(주자)에 의해 사상 체계와 연구 방법이 집대성된 학문으로 중국의 주된 사상이었던 유학의 한 갈래였습니다.

성리학이 우리나라에 들어온 것은 고려 말이었습니다. 충렬왕 무렵, 왕을 수행하고 원나라에 갔던 안향이 〈주자전서〉와 공자, 주자의 〈화상〉을 가져와 고려에 처음 전했고, 고려의 개혁을 바라던 신진 사대부들에 의해 급속히 전파되며 널리 보급되기 시작했습니다.

신진 사대부들은 성리학이 당시 권문세족에 의해 부패해 있던 고려를 개혁할 수 있는 사상이라 여겼습니다. 이색의 밑에서 공부한 정몽주, 권근, 정도준, 이숭인은 고려 말을 대표하는 성리학자들이었고, 역성혁명을 통해 조선의 개국 공신으로 떠오른 정도전은 〈불씨잡변〉을 통해 고려를 병들게 했던 불교를 비판하며 성리학의 우수성을 역설했습니다.

이들 신진 사대부는 조선의 건국과 더불어 성리학을 통치 이념이자 지배 사상으로 우뚝 세웠을 뿐만 아니라 백성들의 생활과 사회 윤리 규범의 근거로 삼았습니다. 이러한 성리학적 생활 규범의 대표적인 예가 바로 '삼강오륜'이었습니다. 효를 강조한 삼강오륜은 임금과 신하, 부부와 부모 자식의 관계를 규정하며 서로의 직분을 다하는 것을 효의 시작이라 여겼습니다. 이를 통해 백성은 자신이 맡은 일을 다하여 부모를 봉양하고 나라에 세금을 잘 바치며 지주와 군주에게 충성할 것을 가르쳤고, 이를 엄격한 신분 제도 사회의 기틀을 다지는 구심점으로 삼았습니다.

○ 안향의 초상

성리학은 16세기 무렵에 이르러 조선 사회에 뿌리를 내리기 시작했고, 서경덕과 이황, 이이, 조식 등의 훌륭한 학자들에 의해 활짝 꽃을 피워 나갔습니다.

〈경국대전〉, 조선의 법률을 완성한 성종

예종의 뒤를 이어 왕위에 오른 성종은 권신들을 견제하기 위해 젊고 유능한 선비들을 많이 등용하며 문물과 문화 발전을 꾀했습니다. 특히 고려 말부터 조선 초까지 반포된 여러 법전을 총망라해 조선의 법률을 완성하는 데 힘을 기울였습니다.

조선은 건국 초기부터 법전을 갖추기 위해 공을 들였습니다. 정도전은 고대 중국의 6전을 바탕으로 조선의 실정에 맞는 법을 연구한 〈조선경국전〉, 〈경제문감〉 등을 펴냈고, 태종과 세종을 거치며 〈속육전〉, 〈육전등록〉 등을 편찬하였습니다.

이후 성종은 국가 체제를 완성하고 왕권을 강화해 나가며 세종과 세조가 열기 시작한 조선의 문화를 활짝 꽃피워 나갔습니다. 특히 1485년에 완성된 〈경국대전〉은 그동안 반포된 조선의 여러 법전과 조례 등을 총망라해 완성한 조선의 법전이었습니다.

〈경국대전〉의 반포를 통해 성종은 조선의 정치와 여러 제도의 정비를 마치고 비로소 유교적 법치 국가의 면모를 갖추게 되었습니다.

○ 성종의 태실(창경궁)

조선을 다 바꿔야 한다

조광조는 나라의 잘못된 점을 바로잡고 싶었습니다.
그리고 이를 과감하게 실천하였지요. 중종도 그런 조광조를 아꼈습니다.
그러나 조광조의 이러한 개혁은 결국 기존 세력과 부딪치면서 위기에 처합니다.

✅ **연산군**

조선 제10대 왕으로 본래 총명하고 합리적인 성격이었으나 친어머니 폐비 윤씨가 당파 싸움에 휘말려 죽은 것을 알고 적대적으로 돌변합니다. 그 결과 무오사화, 갑자사화를 일으켜 많은 선비들을 죽여 원한을 풀었습니다. 폭군으로 지탄받고 중종반정으로 폐위되었습니다.

✅ **사화(士禍)**

조선 시대에 조정에 벼슬을 하고 있던 신하나 선비들이 정치적으로 반대파에 몰려 화를 입던 일들을 통틀어 사화라고 말합니다. 조선 시대 4대 사화는 무오사화, 갑자사화, 기묘사화, 을사사화 순으로 일어났습니다. (☞186쪽)

1506년, 중종(11대 임금)이 신하들의 도움을 얻어 연산군을 몰아내고 새 임금이 되었을 때였습니다(중종반정).

중종은 연산군 시대에 잘못되었던 것들을 고치기 위해 무척 애를 썼습니다. 연산군이 놀이터로 만들어 버린 성균관을 다시 짓고, 억울하게 쫓겨났던 선비들을 찾아 다시 벼슬을 주었습니다.

그러자 두 번의 사화(무오사화와 갑자사화가 있었어요)로 큰 피해를 입었던 사림파 선비들이 서서히 고개를 들고 한 목소리를 내기 시작했습니다. 나라 전체에 퍼져 있는 잘못된 것들을 바꾸고 부패를 바로잡지 않으면 안 된다는 것이었습니다. 바로 그 한가운데에 조광조가 있었습니다. 조광조는 사림파 선비의 중심 인물이었던 김굉필의 제자입니다.

"상감마마, 군주(임금)는 나라와 정치의 근본이옵니다. 신하를 쓸 때는 군자와 소인을 구별해야 하오며, 백성은 덕으로 다스려야 하옵니다."

조광조는 중종만 만나면 이런 소리를 반복해 잘못된 정치 질서를 바로잡아야 한다고 주장했습니다.

결국 중종 임금은 조광조를 궁궐 안으로 불러들였습니다. 그의 말을 유심히 듣고 그의 의견을 쫓아 결정했으며 나라를 개혁하는 일의 중심에 조광조를 내세웠습니다.

조광조는 아주 과감하게 자신의 주장을 펼쳐 나갔습니다.

"상감마마, 먼저 '소격서'(태조 때 처음 생긴 관청으로 하늘과 땅에 제사를 드리는 곳이에요)를 없애야 하옵니다. 소격서에서 제사를 드리는 일은 공연히 임금과 신하들의 마음을 현혹하여 나랏일을 그르칠 수도 있습니다. 비록 태조 대왕 때부터 있어 온 것이기는 하나, 나라에 해가 된다면 과감히 없애야 하옵니다. 상감마마께서 이를 허락하실 때까지 소인은 이 자리에서 꼼짝도 하지 않겠습니다."

조광조는 정말로 소격서를 없애라는 명이 떨어질 때까지 한 자리에 무릎을 꿇은 채 꼬박 밤을 세웠습니다.

✅ **조광조**
중종 때 문신이자 사림파 성리학자입니다. 정치에 뛰어들어 급진적이고 과격하게 개혁을 추진하려다가 결국 훈구파의 반발을 사 기묘사화 때 죽습니다.

○ 옛 선비의 공부하는 모습

중종은 오랜 전통을 함부로 없앨 수 없다며 주저했으나, 조광조의 그런 노력에 감탄해 결국 소격서를 없애도록 명령했습니다.

조광조는 여기서 그치지 않았습니다.

"상감마마, 향약(유교 사상을 바탕으로 하는 일종의 민간 자치 기구라 할 수 있어요)을 전국적으로 실시하여 마마께서 실천하시려는 도덕 정치를 세상에 알리시옵소서. 또한 아뢰옵건대 새 인재를 얻기 위해 지금까지와는 다른 과거 제도를 실시해야 하옵니다."

중종은 굽힘 없는 조광조의 주장에 반대하지 않았습니다. 곧 향약이 전국적으로 시작되었고 새로운 과거제인 '현량과'를 마련했습니다.

현량과는 우선 6조 판서를 비롯한 관리들이 뛰어난 인물을 추천하고, 그들을 다시 예조에서 1차로 심사한 뒤에 임금이 지켜보는

가운데서 시험을 치르게 하는 제도입니다.

조광조는 이 제도가 인물 개개인의 성품까지 자세히 알 수 있는 좋은 제도라고 주장했습니다.

그렇지 않아도 새 인물에 목말랐던 중종은 반대할 이유가 없었습니다.

곧 현량과가 실시되었고 이 시험을 통해 28명의 새로운 관리가 뽑혔습니다.

그런데 묘하게도 이들 모두가 조광조와 뜻을 같이 하는 사림파 선비들이었습니다. 이 일이 훗날 조광조의 목에 칼을 들이미는 빌미가 될 줄은 아무도 몰랐습니다.

얼마 후의 일이었습니다. 조광조는 조금 더 큰 일에 손을 댔습니다.

"마마, 중종반정 때의 공신록(나라에 공을 세운 사람들의 이름과 신상에 대한 것을 적어 놓은 책이에요)을 보면 공신이 아닌 자가 들어 있사오니 이들을 가려내 공신의 이름에서 지우고 상으로 받은 토지와 벼슬도 빼앗아야 하옵니다."

틀린 말은 아니었습니다.

 **사림파**

이성계의 혁명에 등을 돌리고 초야에 묻혀 학문에만 몰두했던 이들을 일컬어 '사림파'라고 부릅니다. 이들은 성종 대에 등장한 정치 세력이며 향약을 통한 향촌 자치를 지지하는 중소 지주가 많습니다.
(☞186쪽)

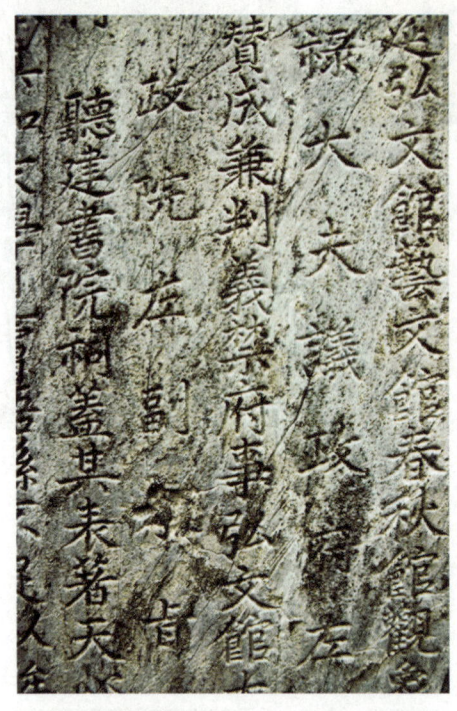

🔼 선조 때 이산해가 쓴 조광조 신도비문 일부

중종반정이 일어났을 때, 실제로 엉뚱한 인물이 공신록에 끼여 있었습니다.

유자광이라는 간신배는 박원종(중종반정을 일으켜 연산군을 쫓아 낸 사람이에요)에게 부탁해 자신의 아들을 억지로 공신록에 올렸고, 심정이라는 자는 연산군에게 아부하며 숱한 잘못을 저질렀는 데도 3등 공신에 올라 있었습니다.

뿐만 아니라 중종반정이 일어나던 날, 술에 취해 잠자고 있던 수많은 대신들이 공신의 자리를 차지하고 있었습니다.

조광조는 이런 자들이 벼슬을 하고 있는 한, 나라의 꼴이 엉망이 될 것이라 여겼던 것입니다.

중종도 이것은 알고 있었지만 처음에는 신하들의 반발을 염려해 주저했습니다. 그러다 끝내는 조광조의 고집에 손을 들었습니다.

결국 조광조는 2등 공신 8명, 3등 공신 12명, 그리고 4등 공신 전부를 공신록에서 없애 버렸습니다. 물론 이들의 벼슬까지 빼앗았습니다.

하지만 '위훈 삭제 사건'이라 불린 이 사건으로 말미암

✅ **유자광**

조선 시대 대표적인 간신으로 유명한 유자광은 세조 때 이시애의 난이 일어나자 공을 세워 병조 정랑이 됩니다. 이때 유자광은 죄 없는 사람들을 모함하여 죽이거나 유배시킵니다. 연산군을 충동하여 무오사화를 일으켰으며 시대 흐름에 따라 파직과 복직을 반복하다가 결국 유배되어 죽습니다.

아 조광조는 위기에 처하고 말았습니다.

"우리의 처지가 위태롭소. 시간이 지날수록 조정의 중요한 자리는 사림파의 몫이 되어 가고 있소. 조광조를 그냥 두었다가는 큰 화를 입을 게 분명하오."

불안을 느낀 훈구파 대신들이 끝내는 음모를 꾸미기 시작했습니다.

남곤과 심정, 두 사람이 음모의 한가운데에 있었습니다. 두 사람은 먼저 중종의 후궁 중 한 사람인 홍씨를 이용하기로 했습니다. 중종이 특히 홍씨를 예뻐했기 때문입니다.

하지만 홍씨에게 무어라고 직접 말할 수는 없었으므로 아버지 홍경주를 찾아갔습니다. 그리고 후궁 홍씨가 중종에게 조광조에 대해 나쁘게 말하도록 부탁했습니다.

그 일 이후, 홍경주는 후궁 홍씨를 만나 조광조를 비난했고, 그러면 후궁 홍씨는 임금을 만날 때마다 조광조에 대해 나쁘게 말했습니다. 반란을 일으키려 한다는 둥, 조정의 신하들을 모두 없애려 한다는 둥…….

물론 중종은 심지가 곧은 조광조가 그런 일을 할 리 없다고 생각했습니다.

그러던 어느 날입니다. 중종이 궁궐을 산책하고 있을 때, 홍씨가 중종에게로 급히

> **훈구파**
>
> 세조 때 정권을 독점하고 특권을 누리던 한명회, 신숙주 등을 '훈구파'라고 부릅니다. 중앙 집권적인 정치를 지지하며, 대지주들이 많습니다.
> 이들은 주로 왕실의 측근들로 권력의 핵심부에 있었으며 조선 초기의 정치를 좌지우지 했습니다.
> 하지만 이들은 곧 젊고 개혁적인 세력인 사림파를 만나 대립하게 됩니다.

달려와 나뭇잎을 하나 꺼내 보였습니다.

"상감마마, 이것 좀 보시옵소서. 이런 흉칙한 것을 발견했사옵니다."

중종이 홍씨가 내민 나뭇잎을 보니 참으로 깜짝 놀랄 만했습니다. 벌레가 나뭇잎을 갉아먹고 있었는데, 묘하게도 글자가 새겨지고 있었던 것입니다.

'주초위왕(走肖爲王)'이라는 글자였습니다. 중종은 얼굴이 새파랗게 질리고 말았습니다. 이때를 기다려 홍씨가 말했습니다.

"마마, 주(走)자와 초(肖)자를 합하면 조(趙)자가 되질 않사옵니까? 그렇다면 조씨의 성을 가진 사람이 왕이 된다는 뜻이 아니옵니까? 이것은 필시 조광조가 역모를 꾸미고 있는 증거이옵니다."

물론 그것은 홍경주와 심정의 계략이었습니다. 나뭇잎에 꿀로 '주초위왕'이라는 글씨를 써서 벌레가 꿀 바른 자리만 뜯어먹게 했던 것이었습니다.

그로부터 얼마 후, 남곤은 때를 맞추어 상소문을 올렸습니다. 물론 조광조가 반역을 꾀했다는 내용이었습니다. 결국 중종은 조광조를 잡아들이게 했습니다.

↑ 조광조가 죽기 직전에 썼다는 절명시(애우당)

  조광조는 억울한 누명이라고 외쳤습니다. 하지만 훈구파 대신들의 끈질긴 주장으로 중종은 그에게 사약을 내렸습니다. 결국 유교적 이상에 의해 도덕 정치를 실현해 보려던 조광조는 억울하게 죽어야 했습니다. 훗날 사람들은 이 사건을 '기묘사화(☞186쪽)'라 불렀습니다.

↑ 조광조 유허지에 세워진 사당(애우당)

선생님과 역사 읽기 ••• 조선 시대의 교통과 통신

옛날에는 어떻게 말을 전했나요?

한양에 있는 왕의 명령이 지방까지 전해지려면 어떻게 해야 할까요? 요즘에는 전화나 인터넷 등을 비롯한 통신수단도 있고, 철도나 비행기 같은 교통 시설이 있어서 신속하게 전하고자 하는 것을 전달할 수 있겠지요? 하지만 이런 시설이 갖추어지지 않았던 시대에는 어떻게 했는지 궁금하지요? 하루 종일 말을 탄다고 해도 전국 방방곡곡을 하루 만에 돌기는 힘들었어요. 교통과 통신이 원활하게 이루어져야 나라를 통치하는 데도 유리할 텐데 말이지요. 임금님의 영향력이 전국 곳곳에 전해져야 왕권도 강화할 수 있고, 중앙으로 힘을 모을 수도 있지요. 이 문제를 어떻게 해결했는지 한번 살펴봐요.

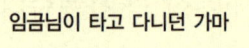
임금님이 타고 다니던 가마

교통과 우편 그리고 숙박 기능을 맡은 '역원 제도'라는 것이 있어요. 신라 때부터 찾아볼 수 있지요. 고려에서는 전국에 22도 525역을 설치했어요. 공식적인 문서를 전달하는 것은 물론이고 관의 물자를 운반하는 일을 주로 맡았어요. 지방과 한양 사이를 왕래하는 관리의 숙박을 맡기도 했지요.

조선 시대의 역원 제도는 고려 시대의 것을 그대로 이어받았어요. 다만 중심지를 개경이 아닌 한양으로 옮겨 왔다는 것만 달라졌지요. 한양에서 지방으로 통하는 도로는 중요성에 따라서 대로와 중로, 소로로 나뉬었어요. 대로를 따라서는 경기에 12역이 있었고, 중로에는 경기 9역, 충청 24역, 경상 5역, 전라 4역, 강원 6역, 황해 11역, 평안에 13역, 함경에 37역이 있었어요.

역은 10리마다 설치되었지요. 역을 담당하는 관리가 있었고 말도 있었어요. 역을 지나치는 관리는 튼튼한 말을 빌려서 다음 행선지로 떠날 수 있었어요. 이렇게 말을 타고 가다가 잠을 자야 하거나 휴식이 필요할 때는 '원'을 이용했어요. '원'은 공무를 보는 관리가 이용하는 숙박 시설이에요. 이렇게 '역'과 '원'을 합쳐서 역원 제도라고 해요.
이 밖에도 '참'이라는 것이 있었어요. 참은 역과 역 사이에 있어요. 일종의 여관과 같은 것인데 나중에는 주막으로 바뀌었지요.

물길도 이용했어요

옛날에도 무게가 많이 나가거나 규모가 큰 물건을 옮겨야 할 때가 있었겠지요. 그중에서도 세금을 운반하는 일은 무척 중요한 일이었어요. 조선 시대에는 육지 교통이 발달하지 않았기 때문에 강이나 바다를 이용해서 운송을 했지요. 이때 나룻배가 중요한 운송 수단이 됐어요. 오늘날의 한강 다리 양끝이 바로 옛날의 나루터라고 보면 돼요. 운송이 활발하게 이루어지는 곳으로 잘 택했기 때문에 그 모습이 오늘날과 차이가 없지요.

**나룻배를 타고 강을 건너는 사람들
(김홍도 그림)**

이러한 조운 제도가 제대로 이루어지면 국가 재정도 튼튼하게 만들 수 있어요. 그래서 조선 시대에는 조운 제도에 특히 신경을 쏟았어요. 먼저 세금을 모아서 나루터에 있는 조창이라는 창고에 보관했어요. 이렇게 모아진 세금들은 나룻배에 실은 다음 바다나 강을 통해 운송이 되었지요.
참! 조운 제도가 제외된 지역도 있었어요. 바로 평안도와 함경도였어요. 이 지역은 국경 지역이어서 사신 접대, 군사비 등 지출이 많은 곳이었지요. 그래서 모은 세금을 한양으로 보내는 대신 각 지역에서 사용했어요.

배다리 이야기

배다리란, 말 그대로 배를 이용해서 만든 다리를 말합니다. 넓은 강에 다리를 놓는 기술이 없던 시절에, 배를 수십 또는 수백 척 연이어 나란히 붙여 띄운 후에, 그 위에 널빤지를 덧

한강을 건너기 위해 만들어진 배다리

대어 이어 만든 다리를 말해요. 아주 오래전부터 이런 방법으로 임시 다리를 놓았다는 기록이 있어요. 기록 중 우리나라의 경우 정약용이 정조의 명을 받아 한강에 띄운 배다리가 유명합니다.

정조는 아버지 사도세자의 묘가 있는 화성에 자주 행차했는데, 그때마다 배를 갈아타야 하는 불편함이 있었고 시간도 많이 걸렸기에 이와 같은 어려움을 극복하고자 정약용에게 명을 내려 배다리를 만들게 합니다. 이 배다리로 인해 많은 비용과 시간이 절약되었고, 이를 보기 위해 수많은 사람들이 몰려들어 장관을 이루었다고 합니다.

봉수도 중요한 통신 수단이었지요

봉수 제도는 국가의 군사 통신 수단이었어요. 외적이 침입했을 때 봉수를 이용해서 중앙에 알리는 역할을 했지요. 역원 제도가 중앙에서 지방으로 뻗어 나갔다면 봉수 제도는 지방에서 일어난 일을 중앙으로 빠르게 알리는 역할을 했지요.

봉수 제도에 대한 이야기는 〈삼국유사〉에도 나와 있어요. 수로왕이 사용했다는 기록이 있지요. 확실하게 봉수 제도가 사용 된 때는 고려 의종 때예요. 봉수는 수십 리의 일정한 거리를 두고 설치되었어요. 중간 중간 높은 산에 봉수대를 설치하고, 밤에는 봉(烽·횃불)으로 낮에는 수(燧·연기)를 이용해서 통신을 했어요. 사람이 직접 움직일 필요가 없어서 보다 빠르게 소식이 전달됐지요. 봉수대를 지키는 사람은 적의 침입을 보고하는 임무를 맡았고 만약

남산 봉수대

이것을 게을리 할 때는 엄격하게 처벌을 받았어요.
봉수에는 세 가지 종류가 있어요. 경봉수와 연변 봉수, 내지 봉수가 있지요. 경봉수는 서울 남산에 있어요. 전국의 봉수가 한 곳으로 모이는 지점이에요. 그리고 연변 봉수는 국경 지대에 있으면서, 연락의 출발점이 되는 곳이에요. 내지 봉수는 경봉수와 연변 봉수를 이어 주는 구실을 해요.
그럼 어떻게 봉수대를 사용하는지 살펴볼까요?
하나의 봉수대에는 5개의 봉수가 있어요. 해안과 육지에 따라 봉화하는 법이 달랐어요. 먼저 해안을 살펴봐요. 해안에 있는 봉수대의 경우는 왜적의 움직임을 주로 살폈어요. 평소에는 하나의 봉수를 피웠고, 왜적이 나타나면 2개, 해안에 왜적이 가까이 왔을 때 3개, 바다에서 싸움이 발생하면 4개, 왜적이 우리 땅에 들어오면 5개를 피웠지요.
육지의 경우에는 평소에는 1개, 적이 국경에 나타나면 2개, 국경에 가까이 오면 3개, 국경을 넘어왔을 경우 4개, 싸움이 일어날 때는 5개를 피웠어요.
봉수 제도의 경우에는 적이 침입했을 때 12시간 안에 중앙에 알리는 것을 기본으로 했어요. 하지만 이것이 잘 지켜지지 않았어요. 봉수를 맡은 사람이 소홀해진 탓에 연락이 늦어졌거든요.
그래서 선조 30년에는 봉수제도 대신 파발 제도를 이용했어요. 불과 연기를 대신해서 사람이 직접 말을 타고 움직이는 제도를 말하지요. 말을 이용하는 경우를 '기발'이라고 하고 이 일을 맡은 사람은 '파발꾼'이라고 했어요. 가까운 거리인 경우에는 말 대신에 빠른 걸음을 이용해서 소식을 전했고, 이것은 '보발'이라고 해요. 각 역에는 파발꾼이 있어서 교대로 연락을 취할 수 있었지요. 봉화보다야 늦기는 했지만, 보다 확실하게 연락을 취할 수 있었어요.

옛날 주민등록증

호패

조선 시대에도 주민등록증이 있었대요. 16세 이상의 남자에게만 발급했던 것으로 '호패'라고 불렀지요. 왜 여자는 호패가 없었냐고요? 호패를 만든 목적을 보면 이해할 수 있어요. 조선 시대에는 세금을 걷고 군인을 확보하기 위해서 호패 제도를 실시했어요. 세금을 내고, 전쟁에 나가는 것은 남자들의 몫이었지요. 호패를 가지고 있다는 것은 부역의 의무가 있다는 것이었죠. 세금을 내지 않기 위해 호패를 버리고 도망가면 되지 않느냐고요? 당시에는 다섯 집을 하나로 묶어서 서로를 감시하게 하는 제도가 있었어요. 바로 '오가작통법'이지요. 당시 평민들에게 호패 제도가 반갑게 느껴지지는 않았겠지요?

호패에는 어떤 것들이 적혀 있을까요? 호패를 보면 그 사람의 신분은 물론이고 어떤 직업을 갖고 있는지까지 파악됐어요. 이름이나 사는 곳, 발행된 시기 등이 호패의 앞뒷면에 있었지요. 무인의 경우에는 키가 어느 정도인지 몸에 흉터가 있는지까지 상세하게 기록됐어요.

지위와 신분에 따라서 호패에도 차별이 있었지요. 1·2품의 경우에는 상아 호패를, 3품 이하의 잡과 합격자는 쇠뿔패, 생원과 진사는 회양목패, 서민의 경우는 잡목으로 만든 호패를 사용했어요. 또 호패에 글씨 색이 홍색인 경우는 문반, 청색인 경우는 무반, 황색은 과거를 치르지 않고도 벼슬을 한 경우, 백색은 벼슬이 없는 사람을 뜻했어요.

호패 하나에 정말 여러 가지 정보가 담겼지요. 호패 제도는 1413년 태종 때부터 1675년까지 실시되었어요.

마패

마패하면 암행어사가 제일 먼저 떠오르지 않나요? 춘향전이나 박문수전을 보면 암행어사가 나타날 때 역졸이 마패를 번쩍 하고 들어요. 그리고 이렇게 외치지요. "암행어사 출두야!"라고 말이에요. 마패는 암행어사를 상징하는 신분증이었어요. 임금이 암행어사로 임명을 하면 즉시 도성을 떠나서 맡은 바 임무를 다해야 해요. 마패를 가지고 있으면, 말은 물론이고 일을 하는 데 필요한 역졸들을 사용할 수 있었어요.

마패는 암행어사뿐만 아니라 조선 시대 관리들이 지방으로 출장을 나갈 때, 사용했어요. 역에서 마패를 제시하면 말을 빌릴 수 있었지요. 신분에 따라 사용할 수 있는 말의 수가 제한되어 있었어요. 대군과 영의정, 좌의정, 우의정은 7마리를 이용할 수 있었고, 3품 당상관의 경우는 4마리, 암행어사는 3마리를 쓸 수 있었지요.

마패를 사용한 것은 고려 때부터예요. 육상 교통에서 말이 중요하게 이용됐기 때문이지요. 마패의 경우는 둥근 구리판으로 만들었고, 지름이 약 10cm 정도예요. 앞면에는 말 그림이 새겨져 있고, 뒷면에는 마패를 발급한 날짜와 발행한 곳이 새겨져 있어요.

마패

마패는 관리의 신분증과도 같았기 때문에 분실할 경우에는 골치 아픈 일이 생길 수 있답니다. 조선 말기에 김옥균을 암살한 홍종우가 전라북도 순창에서 서울까지 말을 타고 도망을 친 일이 있었어요. 그가 역마를 이용할 수 있었던 것은 의병장 최익현의 마패를 훔쳐서 사용했기 때문이었대요.

옛날의 개인 운반 수단이었던 지게

나라의 혼란과 임꺽정

세조가 왕위를 찬탈한 뒤 나라 상황은 좋지 못했습니다. 훈구 세력들은 자신의 권력을 이용해서 몸집 불리기에 정신없었고 나쁜 관리들은 백성들을 못살게 굴고 재산을 빼앗는 데 정신이 없었습니다. 명종 때에 이르러 이런 상황은 극에 달했습니다. 이 무렵 등장한 사람이 바로 임꺽정입니다.

> ✅ **세조**
> 세종의 둘째 왕자로 무예에 능하고 병서에 밝아 한명회, 양정 등 무인 세력을 아래에 두고 야망을 키우며 기회를 엿보다가 1453년 무사들을 이끌고 김종서를 살해한 뒤 왕위에 오릅니다. (☞ 146쪽)

세조가 왕위를 찬탈한 뒤, 조선은 훈구파 세상이었습니다. 왕위 찬탈에 공을 세운 한명회와 신숙주 같은 이들은 많은 땅과 노비를 하사받았으며 오래도록 높은 벼슬을 누릴 수 있었습니다.

성종 대에 이르러 초야에 묻혀 학문에만 정진하던 사림파가 조정에 나오자 권력을 나눠 갖고 싶지 않았던 훈구파들은 사화를 일으켜 사림파를 제거했습니다.

◐ 태릉. 명종의 어머니, 문정왕후의 능

젊고 유능한 사림파 선비들이 피를 흘리며 죽을수록 훈구파들의 권세는 더욱 커졌습니다. 나랏일을 제멋대로 처리했을 뿐만 아니라, 임금이 하는 일조차 사사건건 나서며 방해를 놓았습니다.

훈구파들은 자신들의 막강한 권력을 이용해 백성들을 마음대로 부려먹었고, 거친 땅을 일구어 농장을 만들면서 재산을 불렸습니다. 또한 지방의 부패한 수령과 짜고 나라에 바치는 공물을 마구 부풀리며 백성들을 갈취했습니다.

혹독한 세금에 시달려야 했던 백성들은 고향을 버리고 떠날 수밖에 없었습니다. 온갖 수탈을 피해 도망친 백성들이 갈 곳은 깊은 산골과 외딴 섬뿐이었습니다. 백성들은 그곳에서 화전(풀과 나무를 불태워 개척한 땅)을 일구며 근근이 목숨을 이어 가야 했고, 살기 위해 도적이 되는 이들도 크게 늘어났습니다.

1545년, 명종이 왕위에 오르자 기회를 잡은 윤원형은 조선을 더욱 혼란으로 몰아넣었습니다. 명종은 나이가 어린 탓에 그의 어머니인 문정왕후의 수렴청정을 받아야 했고, 문정왕후의 동생이었던 윤원형은 이를 이용해 을사사화(☞ 189쪽)

✔ 수렴청정

왕이 즉위 시 나이가 어리면 성인이 될 때까지 일정 기간 동안 왕대비나 대왕대비가 국정을 대신 처리했던 것을 말해요. 삼국 시대부터 조선 시대까지 이어지던 이 제도는 정사를 모후나 대비가 맡으면서 외척의 정치 참여를 가져왔고, 돈으로 관직을 주고 받는 등의 부정부패를 만들었습니다. 수렴청정을 했던 대표적인 사람은 예종의 어머니 정희왕후와 명종의 어머니 문정왕후가 있습니다.

를 일으키며 반대파를 모조리 죽였습니다. 그것도 모자라 눈엣가시처럼 여기던 사림파를 제거하기 위해 '양재역 벽서 사건'을 일으켰습니다.

'위로는 여왕이 있고, 아래로는 간신이 권력을 휘두르니, 나라가 곧 망할 것이다.'

벽서에 적힌 글은 문정왕후를 비난하는 내용이었습니다. 물론 벽서의 내용을 꾸며 사건을 벌인 사람은 윤원형 일파였습니다.

윤원형은 벽서 사건을 문정왕후에게 고했고, 문정왕후는 명종을 움직여 가담자들을 잡아들였습니다. 이처럼 윤원형은 반대파에게 누명을 씌워 제거하면서 권력을 움켜쥐었습니다.

온 나라가 윤원형 일파의 세도에 눌려 신음하는 동안, 백성들의 삶은 더욱 비참해졌습니다. 부패한 관리들의 수탈과 학정은 날이 갈수록 더해 갔고, 몇 년째 흉년이 거듭되자 곳곳에서 거지와 도적 떼가 끝없이 늘어났습니다.

이 무렵, 도적의 무리를 이끌고 있던 임꺽정은 황해도 일대를 누비고 있었습니다. 경기도 양주에서 백정으로 살아왔던 임꺽정은 온갖 멸시와 천대를 받아

야 했던 백성 중 하나였지요.

"백정으로 태어나 사람들에게 멸시받는 것도 억울한 일인데 부패한 탐관오리들에게 재산마저 빼앗길 수는 없다!"

가난한 백성들이 굶주림에 허덕였지만 관리들의 수탈은 끊이지 않았습니다. 임꺽정은 신분 차별로 고통을 받던 백성들과 가난과 포악한 정치에 시달리던 백성들을 모아 구월산으로 들어갔습니다.

"나라를 망치고 백성들을 도적으로 만든 것은 바로 탐관오리들입니다. 그들이 백성들에게 빼앗은 재물을 우리가 다시 빼앗는 것은 도적질이 아니오!"

구월산에 산채를 짓고 그곳을 근거지로 삼은 임꺽정은 관아를 습격하고 양반들의 창고를 털었습니다.

"저들에게 빼앗은 것을 다시 백성들에게 나누어 줍시다!"

🔼 임꺽정 조형물(고석정)

✅ 의적

의적이란 탐관오리들의 재물을 뺏어 가난한 백성들에게 나누어 주는 의로운 도적을 말해요. 〈조선왕조실록〉에는 임꺽정, 홍길동, 장길산이 대표적인 3대 의적이라고 기록되어 있습니다.
이들은 특히 나라가 혼란스러울 때 등장해 백성들에게 큰 호응을 받았고, 그로 인해 조정에서는 어려움을 겪기도 했습니다.

임꺽정은 빼앗아 온 곡식과 재물을 백성들에게 나누어 주었습니다. 그러자 그동안 탐관오리에게 시달려 왔던 백성들이 호응하기 시작했습니다. 탐관오리를 혼내 주고 곡식과 재물을 나누어 주는 임꺽정은 백성들에게 의로운 도적이었던 것입니다.

"한양으로 올라가는 공물 또한 백성들이 흘린 피와 땀이오. 우리가 흘린 피와 땀을 되찾읍시다!"

임꺽정은 임금에게 가는 진상품까지 빼앗아 굶주린 백성들에게 나누어 주었습니다. 임꺽정이 이끄는 무리가 황해도와 경기도 일대를 바람처럼 누비며 세력을 키워 가자 발등에 불이 떨어진 것은 조정이었습니다.

"한낱 도적의 무리를 잡지 못한다 말이오! 당장 임꺽정을 잡아들이시오!"

다급해진 조정은 임꺽정을 잡기 위해 부랴부랴 토벌군을 보냈습니다. 하지만 번번이 군사가 도착하기도 전에 임꺽정은 연기처럼 모습을 감추어 버렸습니다. 임꺽정이 관군에게 붙잡히는 것을 바라지 않았던 백성들은 임꺽정의 무리들을 숨겨 주거나 몰래 달아날 수 있도록 돕고 있었던 것입니다.

"백성들마저 임꺽정의 무리를 돕다니, 절대 용서할 수 없다!"

임꺽정을 잡지 못한 토벌군은 황해도 지방의 백성들을 괴롭히며 재산을 마구 약탈했습니다.

"작은 도적을 잡는다고 큰 도적이 들어와 백성들을 괴롭히는구나!"

토벌군의 약탈이 더해 갈수록 백성들의 원망도 높아질 뿐이었습니다. 그러는 사이, 대담해진 임꺽정 무리는 개성뿐 아니라 한양까지 들어와 모습을 드러내며 관군을 농락하고 있었습니다.

"더 이상 임꺽정의 무리가 커지는 것을 두고볼 수 없구나! 반드시 도적의 무리를 소탕하라!"

임꺽정이 세력을 넓혀 가자 조정은 임꺽정을 붙잡기 위해 현상금을 내 걸었습니다. 또한 대대적

✅ 조선의 군인

조선의 16세~60세 평민 남자는 국방의 의무를 갖고 있었어요. 이것을 '양인개병제'라고 하는데 양인은 현역으로 국방의 의무를 다하는 정군과 돈을 내고 정군을 지원하는 보인으로 나뉘었지요.

> **조선 시대 한글 소설**
>
> 조선 시대의 한글 소설은 허균의 〈홍길동전〉을 비롯해 〈흥부전〉, 〈춘향전〉, 〈심청전〉 등이 있는데, 대부분 당시의 사회상을 반영하면서 선을 권하고 악을 벌주는 권선징악의 주제가 많았지요. 대부분의 한글 소설은 지은이가 알려지지 않은 경우가 많고, 여러 사람의 입을 통해 전해진 경우가 많습니다.

인 토벌군을 꾸려 황해도로 향했습니다.

토벌군의 공격에 임꺽정의 무리는 점점 어려운 상황에 처하기 시작했습니다. 그러던 중에 토벌군은 임꺽정의 참모로 있던 서림을 사로잡는 성과를 거두었습니다.

"임꺽정을 붙잡는 일에 공을 세우면 그대에게 후한 상을 내릴 것이다!"

토벌군을 이끌던 토포사 남치근은 서림을 꾀어 임꺽정의 근거지를 알아낼 수 있었습니다.

1562년, 토벌군은 구월산을 포위하고 공격을 시작했습니다. 서림의 배신으로 근거지가 발각된 임꺽정의 무리는 더 이상 버틸 수가 없었습니다.

임꺽정은 치열한 전투가 벌어지던 도중, 홀로 구월산을 빠져나왔습니다. 그러나 토벌군이 뒤를 쫓자 막다른 길에 내몰린 임꺽정은 민가로 뛰어들어 몸을 숨겼습니다.

마침 민가 안에는 노파가 한 명 있었습니다. 임꺽정은 노파에게 도와줄 것을 청했습니다.

"도둑이야, 하고 소리치며 밖으로

○ 임꺽정이 관군의 동태를 살피며 칼을 씻고 동굴에 숨어 지냈다는 고석성 계곡의 바위

나가시오. 그러면 내가 뒤따라 나가 도둑이 달아났다고 말할 것이오. 병사들이 우왕좌왕할 때 기회를 보아 도망치겠소."

과연 임꺽정의 생각은 그대로 맞아떨어졌습니다. 도둑이 도망쳤다는 이야기를 듣자 병사들은 웅성거렸고, 임꺽정은 말을 빼앗아 올라탔습니다. 바로 그때 서림의 목소리가 들려왔습니다.

"저자가 바로 임꺽정이오!"

서림에게 발각된 임꺽정은 비오듯 쏟아지는 화살을 온몸에 맞고 말았습니다. 부패한 탐관오리와 권력자들의 간담을 서늘케 하고, 나라에 대한 희망을 잃은 백성들에게 의로운 도적으로 일컬어졌던 임꺽정의 최후였습니다.

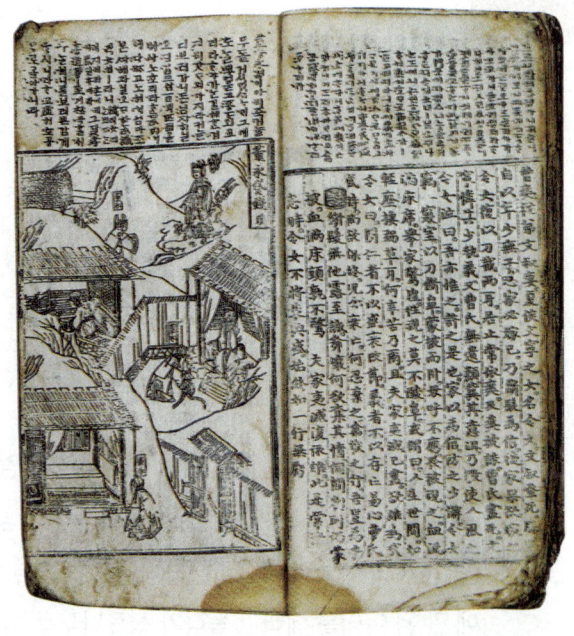

◐ 명종 때 간행된 〈삼강행실도〉

✔ 〈삼강행실도〉

〈삼강행실도〉는 세종 때에 편찬된 책으로 3가지의 도리 아버지와 아들(父子有親), 임금과 신하(君臣有義), 부부 사이의 도리(夫婦有別)를 정리한 것으로 모범이 될 만한 충신과 효자, 열녀 등의 이야기를 그림과 함께 엮어 놓았습니다. 이어 중종(1511년), 명종(1554년), 선조(1606년) 때에도 재발간되었습니다.

저기요,선생님! 이런 게 궁금해요
나라의 혼란과 임꺽정

명종 시대의 천재 학자

율곡 이이

이이는 중종 31년인 1536년에 어머니 신사임당의 친정인 오죽헌에서 태어났습니다. 이이는 한 번 가르쳐 주면 잊는 법이 없었고, 시도 잘 지어 신동이라고 불렸습니다. 어느 날, 외할머니가 3살 밖에 안 된 아이를 데리고 놀다가 석류나무를 가리켰습니다.
"얘야, 저 나무를 보고 글을 지을 수 있겠느냐?"
그러자 3살짜리 이이는 고개를 끄덕이며 이렇게 말했습니다.
"황금 낭리 쇄홍주……."
그 말은 옛 시에 나오는 것인데, '황금 주머니 속에 부서진 빨간 구슬이 들어 있다.'는 뜻이었습니다.
천재 소년 이이는 13살이 되던 해에 진사 초시에 합격하고, 29살 때 대과에 급제하여 호조좌랑에 올랐습니다. 1568년에는 서장관으로 명나라에 다녀왔고, 이듬해 〈동호문답〉을 지어 정치 개혁을 주장했습니다. 40세 때인 1574년에 〈성학집요〉를 지었습니다. 이후 6년 뒤에 호조판서가 되고 대제학을 겸했습니다.
1583년에는 임금과 학문을 토론하는 자리에서 10만 양병책을 주장했습니다.
"전하, 이대로 가다가는 10년 안에 나라에

◐ 이이의 영정

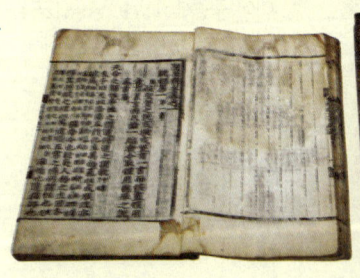

◐ 성학집요

큰 위험이 닥쳐옵니다. 하오니, 군사 10만 명을 길러서 한성에 2만 명을 두고, 각 도에 1만 명씩 배치해 두도록 하옵소서."
그러나 유성룡의 반대로 이 계획은 실현되지 않았지요. 그 뒤 임진왜란이 일어나자 유성룡은 이이의 의견을 받아들이지 않을 것을 깊이 한탄하였다고 합니다. 이이는 1584년 1월 15일 49살의 아까운 나이로 세상을 떠났으며 나라에서 문성이라는 시호를 내려 주었습니다.

퇴계 이황

"모름지기 학문을 하는 것은 벼슬을 하기 위해서가 아니로다. 학문을 하는 참뜻은 세상의 이치를 깨닫고 또한 사람이 살아 가기 위한 올바른 도리를 찾아내는 것이로다."
이황은 그런 신념으로 학문에 임했는데 이황이 이런 생각을 가지게 된 것은 어머니의 가르침이 컸습니다.
어머니는 언제나 이렇게 말했다고 해요.

○ 이황의 영정

"얘야, 글공부보다도 마음과 몸가짐이 바르고 생각 또한 올바른 사람이
되어야 하느니라."
그런 덕에 이황은 무척 겸손했습니다.
"나는 자신이 재주 있는 사람이라고 생각한 적이 없소. 모든 것은 노력하기에 달린 것이오."
그 누구도 따를 수 없는 학자였음에도 이황은 늘 그런 말을 하였다고 합니다.
이황이 처음 벼슬자리를 얻은 것은 중종 22년인 1528년, 이때 이미 그의 나이 34세였지요.
1533년에는 성균관에 들어갔고 이듬해에 문과에 급제하였습니다.
이후 이황은 홍문관 대제학을 비롯해 예조판서 등의 중요한 관직을 고루 거쳤습니다.
특히 도산 서원을 만들어 제자를 길러내는 데 남은 여생을 보냈고, 덕분에 그의 학문은 일본에까지 영향을 미쳐 일본의 성리학 발달에 도움을 주었다고 합니다.

당파 싸움 이야기

조선 중기부터 정치 세력들은 서로 무리를 지어 자기 세력을 지키기에 바빴지요. 후반으로 갈수록 정치 관리들은 백성의 이익이나 나랏일은 뒷전이고 사소한 문제로 서로를 헐뜯으며 권력을 차지하기 바빴습니다.

✓ 〈격몽요결〉

〈격몽요결〉은 율곡 이이가 학문을 시작하는 선비들을 위해 지은 책이에요. 이 책에서 이이는 자신을 먼저 수양할 것을 강조했고, 사림의 선비들은 이 책을 널리 퍼트려 학문의 중심에 서고자 했습니다. 훗날 이 책은 여러 형태로 재발간되기도 합니다.

당파 싸움이 처음 시작된 것은 선조 때입니다. 1575년, 김효원과 심의겸은 비어 있던 이조 전랑 자리를 놓고 서로 맞서고 있었습니다. 정5품직인 이조 전랑은 관직에 오르는 인물을 추천할 수 있는 중요한 자리였습니다.

이 무렵, 훈구파 대신들을 몰아낸 사림파는 나라의 주도권을 잡고 있었습니다. 막강한 권력을 쥐고 나라를 뒤흔들던 훈구파는 새로운 정치를 갈망하던 조선을 더 이상 이끌어나갈 수 없었습니다. 네 번의 사화를 겪으면서 무수한 선비들이 목숨을 잃었지만, 끝내 살아남은 것은 대의명분과 바른 정치를 주장해 온 사림파였습니다.

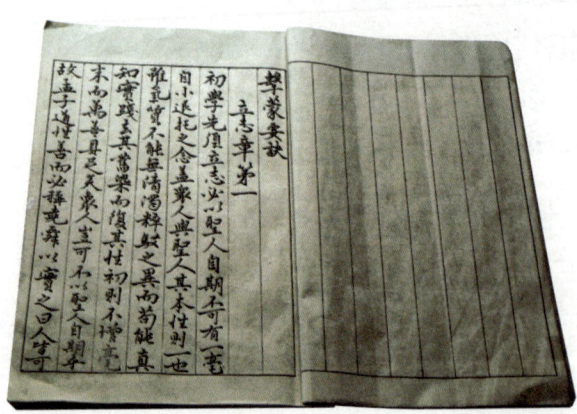

⬆ 〈격몽요결〉 필사본

그러나 김효원과 심의겸이 부딪히면서 사림파 내부에 갈등이 빚어지기 시작했습니다.

당시 벼슬을 정하는 인사권은 이조 판서에게 있었지만 실질적으로 관리를 추천할 수 있는 권한은 이조 전랑에게 있었습니다. 문제가 불거진 것은 임금이나 판서라 해도 마음대로 이조 전랑을 임명할 수 없다는 점 때문이었습니다. 이조 전랑을 정할 수 있는 사람은 전임 이조 전랑뿐이었고, 전임 이조 전랑이 후임자를 추천하면 여론을 모아 이조 전랑으로 삼을 수 있었습니다. 그 때문에 추천권을 가진 이조 전랑에 누가 오르느냐 하는 것은 커다란 관심사일 수밖에 없었습니다.

"김효원은 이황의 제자로 명망이 높은 인물이니 이조 전랑으로 손색이 없나이다."

✅ **전랑**

조선 시대에, 이조와 병조의 정5품 정랑 및 정6품 좌랑을 이르던 말. 내외 문·무관을 추천하거나 선발하는 임무를 맡았으며, 판서도 간섭할 수 없는 특유의 권한을 갖고 있어 낮은 품계였지만 중요한 관직으로 꼽혔습니다.
특히 이 자리는 출세가 보장되는 중요한 자리로 젊은 선비들이 선망하였습니다.

○ 옛 선비의 공부하는 모습을 보여주는 모형

전임 이조 전랑이 물러나며 추천한 사람은 김효원이었습니다. 그러자 왕실의 외척이던 심의겸이 반대하고 나섰습니다.

"김효원은 권세 있는 자들에게 아부를 했던 소인배입니다. 그런 자를 이조 전랑으로 삼아서는 안 됩니다!"

심의겸의 비난에도 불구하고 김효원은 이조 전랑에 올랐습니다. 그런데 문제는 그 뒤였습니다. 김효원이 다른 관직으로 옮기며 또 다시 이조 전랑을 뽑아야 하는 일이 벌어졌는데, 공교롭게도 심의겸의 동생 심충겸이 물망에 오른 것이었습니다.

"왕실의 외척이 이조 전랑에 오르는 것은 부당합니다!"

지난 일로 감정이 상했던 김효원은 심충겸을 받아들일 수가 없었습니다. 그러자 심의겸 또한 불편한 마음을 숨기지 않고 김효원과 다툼을 벌였습니다. 이처럼 감정 대립으로 비롯된 갈등은 급기야 사림파를 동인과 서인으로 갈라서게 하며 붕당을 낳고 말았습니다.

그 후로 김효원의 집이 동쪽의 건천동에 있었던 탓에 그를 지지했던 사람들은 동인이라 일컬었고, 심의겸의 집이 서쪽의 정릉에 있었던 탓에 그를 지지하는 사람들을 서인이라 불렀습니다.

 이렇게 붕당 정치는 시작되었습니다. 자기네 세력은 '군자의 당'이라 높여 부르고, 상대방을 '소인배의 당'이라 헐뜯으며 한 치도 물러설 수 없는 당쟁으로 빠져들었습니다.

 동인과 서인으로 갈린 사림파는 생각을 같이하는 사람들과 뜻이 다른 사람들이 생겨나면서 또다시 여러 개의 붕당으로 나뉘었습니다. 동인은 남인과 북인으로 갈라섰고, 서인은 노론과 소론으로 나뉘었으며 그 밖에도 이루 헤아릴 수 없이 많은 당파들이 생겨났습니다.

 붕당은 권력을 차지하기 위해 당파 싸움을 벌이며 서로에게 칼을 겨누었습니다. 당쟁에서 승리한 붕당은 권력과 벼슬을 차지했고, 패배한 붕당은 허무하게 목숨을 잃고 말았습니다. 이러한 싸움으로 인해 국방에 소홀했던 조선은 임진왜란과 병자호란의 고통을 겪어야 했습니다. 하지만 그런 뒤에도 붕당은 없어지지 않았습니다.

✅ **선비와 서원**

선비란, 학식이 있고 의리와 원칙을 지키며 관직과 재물을 탐내지 않는 사람을 이르는 말입니다. 이러한 선비들이 모여 학문을 논하던 곳이 바로 서원이지요. 서원은 중종 때 만든 백운동 서원을 시작으로 도산 서원, 송악 서원 등이 있으며 이곳에서 훌륭한 선비들이 배출됐습니다.

그러던 1623년, 서인 세력이 광해군을 몰아내고 능양군을 왕으로 세우며 인조반정을 일으켰습니다. 인조(재위 1595~1649년)가 왕위에 오르자 권력을 움켜쥔 서인은 흩어진 민심을 수습하기 위해 명망이 높던 이원익을 영의정에 올렸습니다. 그러자 남인의 중심이던 이원익은 영의정에 오르면서 남인 세력을 키우기 시작했습니다. 이때부터 조선은 백여 년 동안, 서인과 남인의 치열한 대립으로 당파 싸움에 휘말려야 했습니다.

서인과 남인이 정치 대립을 벌이기 시작한 건 제1차 예송 논쟁이었습니다. 1659년, 효종이 숨을 거두고 현종이 즉위하자 서인이던 송시열과 남인이던 윤휴 사이에 논쟁이 벌어졌습니다.

논란의 쟁점은 효종이 죽은 뒤, 그의 계모인 자의대비가 어떤 상복을 입어야 하는가였습니다. 성리학의 예론에 따라 당시 조선은 자식이 부모보다 먼저 숨을 거두었을 때, 맏아들이면 3년 상복을 입고, 그 이하일 경우에는 1년 상복을 입었습니다. 그런데 문제는 효종이 인조의 맏아들이 아니라 차남이라는 것이었습니다.

"인조의 맏아들인 소현세자가 숨을 거두셨을 때, 자의대비께서 3년 상복을 입으셨나이다. 둘째이신 효종께서 승하하셨으니 마땅히 1년 상복을 입어야 할 것입니

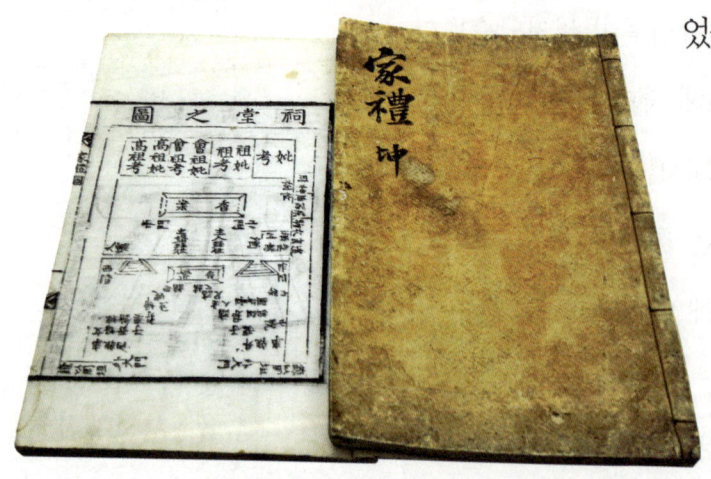

◐ 〈가례〉. 조선 시대 관혼상제의 표본이 되었던 책으로 예송 논쟁의 원인이 되기도 했다.

다."

이조 판서였던 송시열은 자의대비가 1년 동안 상복을 입어야 한다고 주장했습니다. 그러나 예조 참의 윤휴의 생각은 달랐습니다.

"효종께서 비록 둘째이시나, 왕위를 계승하셨으니 맏아들의 예로서 3년 상복을 입어야 합니다!"

서인과 남인의 주장은 감정 싸움으로 크게 번졌습니다. 겉으로 보기에는 왕실의 예를 따지는 단순한 논쟁에 불과했지만, 권력의 주도권을 놓고 다투던 서인과 남인에게는 결코 양보할 수 없는 싸움이었습니다.

결국 논쟁에서 승리한 것은 서인과 송시열이었습니다. 논쟁의 승리로 서인의 입지는 더욱 굳건해졌습니다. 하지만 그것으로 서인과 남인의 논쟁이 멈춘 것은 아니었습니다.

1674년, 효종의 비인 인선대비가 죽자 또다시 제2차 예송 논쟁이 터졌습니다. 이번에도 자의대비가 상복을 입는 기간이 문제였습니다.

"인선대비는 둘째 며느리입니다. 그러니 자의대비께서는 9개월 동안 상복을 입으셔야 합니다."

서인은 효종이 차남이라는 점을 꼬집으며 둘째 며느리에 해당하는 상복을 입어야 한다고 주장했습니다.

✅ 송시열

이이의 학통을 계승하여 1633년 생원시에 장원 급제하여 1635년 봉림대군(효종)의 사부가 되었습니다. 1658년 이조 판서가 되어 효종과 함께 북벌 계획을 추진하였으나 이듬해 효종이 죽고 무산되었습니다. 인선대비의 별세로 자의대비의 복상 문제가 거론 되었을 때 남인 세력에 밀려 유배됩니다.

"아닙니다! 인선대비께서 비록 둘째 며느리이기는 하나, 중전을 지내셨으니 맏며느리나 다름이 없습니다!"

남인은 맏며느리의 예를 내세우며 자의대비가 1년 동안 상복을 입어야 한다고 주장했습니다. 이처럼 서인과 남인의 주장이 서로 갈렸지만 제2차 예송 논쟁에서 승리한 것은 남인이었습니다. 현종이 남인의 손을 들어 주어 1년 상복을 입도록 결정했던 것입니다.

제2차 예송 논쟁의 결과, 서인은 큰 타격을 입고 말았습니다. 영의정이 귀양을 가는 한편, 많은 서인들이 벼슬자리에서 쫓겨났으며 그 자리를 남인들에게 내주어야 했습니다. 하지만 송시열과 서인은 그대로 물러날 생각이 없었습니다.

얼마 후 현종이 숨을 거두자, 송시열은 또다시 예송 문제를 꺼내들며 서인의 주장이 옳았다고 말했습니다. 그러나 송시열의 주장은 오히려 화를 부르고 말았습니다.

"선왕이신 현종께서 다시는 예송 논쟁을 거론하지 말라 이르셨다. 예송 논쟁을 일으킨 송시열과 서인들을 멀리 유배시키도록 하라!"

왕위를 이은 숙종은 예송 논쟁을 다시 불러

🔼 송시열

일으킨 송시열을 거제도로 귀양 보냈습니다. 그러나 송시열이 귀양을 떠나자, 곳곳의 유생들이 송시열의 주장이 옳다는 상소를 올리며 구명 운동을 펼치기 시작했습니다.

"상감마마, 송시열 대감의 말씀이 어찌 그르다 하시옵니까? 나랏일은 예법에 따라야 하옵니다."

더구나 그 시기는 권력을 장악한 남인들이 멋대로 나랏일을 휘두르면서 백성들의 불만이 커져 가던 때였습니다.

◐ 송시열이 바위에 새긴 글씨(함벽루. 경남합천)

결국 남인 세력은 1680년 일어난 '경신대출척 사건'으로 정권을 잃고 조정에서 쫓겨나고 말았습니다. '경신대출척 사건'은 남인 세력에서 밀려난 사람들이 서인과 손을 잡고 윤휴 등을 역모로 몰아 죽인 사건이었습니다.

경신대출척으로 서인과 남인이 벌인 예송 논쟁은 비로소 끝이 났습니다. 이렇듯 붕당 정치의 대표적인 사건이던 예송 논쟁이 마무리되었지만 당파 싸움은 그 후로도 끝없이 계속되었습니다.

저기요, 선생님! 이런 게 궁금해요

당파 싸움 이야기

조선을 피로 물들인 4대 사화

↑ 그림에 표현된 옛 선비의 모습

'사화'는 조정 관리와 선비들이 반대파의 음모에 휘말려 귀양을 가거나 목숨을 잃은 사건을 말합니다.

성종 때, 초야에 묻혀 학문에만 힘쓰던 선비들이 조정에 나왔고 나랏일에 참여하기 시작했는데, 이들을 가리켜 사림파라 불렀습니다.

사림파는 고려 말, 성리학을 공부한 신진 사대부 출신으로 이성계의 역성혁명과 조선 건국에 반대했던 이색, 정몽주, 길재의 학풍을 이어받은 선비들이었습니다.

사림파가 조정에 진출하면서 조선은 생각이나 감정, 지역의 차이로 여러 파벌로 나뉘며 권력 다툼이 벌어졌습니다. 그로 인해 연산군과 명종 대에 걸쳐 무오사화, 갑자사화, 기묘사화, 을사사화가 일어납니다.

무오사화

최초의 사화라 할 수 있는 무오사화는 연산군이 왕위에 있던 1498년, 김일손을 비롯한 사림파가 유자광, 이극돈이 중심이 된 훈구파에게 화를 입은 사건이었습니다.

성종 때, 중앙에 진출해 언론과 사관직에 종사했던 사림파는 기득권 세력이던 훈구파의 비리를 고발하고 연산군의 실정을 비판하며 바른 목소리를 굽히지 않았습니다. 위기를 느낀 훈구파는 사림파를 눈엣가시처럼 여길 수밖에 없었습니다. 더구나 일찍이 유자광은 자신이 쓴 시를 현판에 새겨 놓은 일이 있었는데, 김종직이 현판을 부순 걸 알고 감정이 상해 있었던 터였지요. 또한 이극돈은 김일손이 사관으로 있을 무렵, 자신의 온갖 비리를 사초에 기록한 것을 알아내고 사림파를 증오하고 있었습니다. 그러던 1498년 성종실록이 편찬되던 해, 편찬 책임을 맡게 된 이극돈은 김일손이 사초에 실어 놓은 〈조의제문〉을 연산군에게 고했습니다.

"전하, 〈조의제문〉은 항우에게 왕위를 빼앗긴 초나라의 의제를 조문하며 김종직이 쓴 글이옵니다. 이는 중국의 고사를 끌어다 세조의 왕위 찬탈을 비난한 글입니다. 김종직과 김일손을 크게 벌하소서!"

사림파 선비들을 몹시 싫어했던 연산군은 이 일을 빌미로 이미 죽은 김종직의 관을 꺼내 시체의 목을 베는 벌을 내렸고 김일손을 비롯한 사림파들을 죽이거나 귀양 보냈습니다. 이 때문에 많은 사림파 선비들이 관직에서 쫓겨났고 훈구파의 위세는 더욱 커졌습니다.

○ 서당(평생도 중)

갑자사화

1504년에 일어난 갑자사화는 연산군의 어머니였던 폐비 윤씨의 복위를 둘러싸고 벌어진 사건이었습니다.

무오사화로 사림파를 몰아낸 연산군은 날로 권력이 커져 가는 훈구파와 공신들마저 제거하고자 했습니다.

그러던 어느 날, 폐비 윤씨의 생모로부터 윤씨가 폐비가 되어 사약을 받고 죽은 이야기를 전해들은 임사홍은 그 사실을 연산군에게 모조리 밀고했습니다. 어머니의 죽음을 전해들은 연산군은 폐비 윤씨의 한을 푼다는 명목을 내세워 공신들을 탄압하기 시작했습니다. 폐비에 찬성한 신하들은 물론, 이를 꼬투리 잡아 자신의 일에 반대하는 선비들까지 가혹하게 처벌하며 사화를 일으킨 것입니다.

갑자사화는 무오사화와 달리 훈구파와 사림파 간의 대립으로 생겨난 사화는 아니었습니다. 그러나 이 사건으로 훈구파뿐만 아니라, 수많은 사림파 선비들이 억울하게 죽임을 당하고 말았습니다.

기묘사화

1519년에 발생한 기묘사화는 중종반정으로 연산군을 폐하고 중종을 옹립하는 데 큰 공을 세운 훈구파가 사림파를 대대적으로 제거한 사건이었습니다.

반정으로 임금이 된 중종은 나라를 새롭게 하기 위해 명망 있는 사림파를 대거 등용하기에 이르렀습니다. 조광조를 중심으로 조정에 출사한 신진 사림파는 중종의 지원 속에서 급진적인 개혁을 주장하며 이상주의를 펼쳐 나갔습니다. 또한 중종반정으로 공신이 된 대신들 중에 뚜렷한 공적 없이 이름이 올라간 사람들의 공훈을 삭제해야 한다는 '위훈 삭제' 사건을 일으켰습니다. 그러자 사림파의 움직임에 당황한 훈구파도 가만있지 않았습니다. 남곤과 홍경주 등이 중심이 된 훈구파는 반격을 가했습니다. 궁궐 안 동산의 나뭇잎에 꿀로 '주초위왕(走肖爲王)'이란 글자를 쓰고 벌레들이 갉아먹게 한 뒤에 중종에게 알렸습니다.

"주(走)와 초(肖)를 합하면 조(趙)가 되옵니다. 벌레들조차도 장차

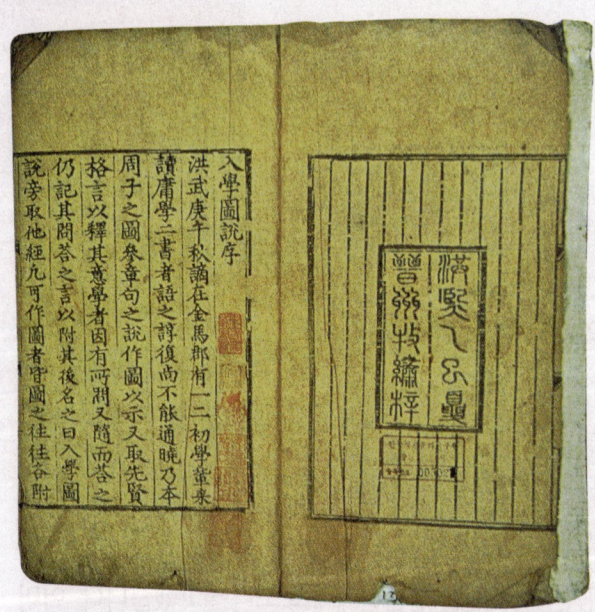

🔶 〈입학도설〉. 조선 시대 선비라면 누구나 공부해야 했던 성리학의 기본적 원리를 해설한 책

조씨가 왕이 될 것을 경고하고 있나이다!"
훈구파의 음모에 휘말린 사림파는 결국, 조정에서 쫓겨나고 말았습니다. 조광조는 멀리 귀양을 갔다가 사약을 받았고 수많은 사림파 선비들도 목숨을 잃거나 귀양을 가야 했습니다.

을사사화

1545년에 일어난 을사사화는 명종이 즉위하던 해, 소윤파의 중심이던 윤원형 일파가 같은 파평 윤씨 집안이던 대윤파의 윤임 일파를 몰아내며 벌어진 사건이었습니다.

명종이 12살의 어린 나이로 즉위하자 그의 어머니인 문정왕후가 수렴청정을 하기 시작했습니다. 이를 기회로 조정에서 쫓겨나 있던 문정왕후의 오빠와 동생이었던 윤원로, 윤원형 형제가 다시 등용되기에 이르렀습니다. 조정에 나온 윤원형 형제가 점차 권력을 키워 나가자 윤임 일파와 마찰을 일으킬 수밖에 없었습니다. 마침내 윤원형 일파는 윤임 일파를 없애기 위해 음모를 꾸몄습니다.

"지금 윤임 일파가 명종을 해치고자 역모를 꾸미고 있나이다!"

윤원형 일파는 윤임 일파에게 역모 죄를 덮어 씌워 모조리 잡아들였습니다. 윤임을 비롯한 많은 사람들이 귀양을 떠났다가 목숨을 잃었고 을사사화 이후에도 윤원형 일파는 갖은 음모를 꾸며 반대파 선비들을 제거했습니다.

이렇듯 조선은 4대 사화를 치르며 관료와 파벌 간에 수많은 피를 뿌렸습니다. 을사사화를 기점으로 대대적인 사화는 끝이 났지만 이후, 조선은 조정에 다시 진출한 사림파 사이에 붕당이 생겼고 끝없는 당쟁을 벌이며 서로를 죽음으로 몰아넣었습니다.

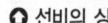
○ 선비의 상

뛰어난 전략과 지혜로 왜구를 물리친 이순신

일본은 나라의 힘을 키우고 대륙을 차지하려는 욕심을 갖고 있었습니다.
대륙 정복의 첫 발판은 바로 조선이었지요.
그리하여 1592년 4월 13일, 왜선 700여 척이 쓰시마를 출발하여 부산포에 이릅니다.

기습 작전으로 승리한 옥포 해전

이순신이 처음으로 왜적의 수군과 맞선 것은 임진왜란이 나던 1592년 5월 7일 옥포에서입니다. 옥포 앞바다에는 약 50여 척의 왜선이 붉은 깃발을 펄럭이며 정박해 있었습니다. 아군의 배는 80여 척이었지만, 이것은 정찰선과 고기잡이 배까지 합한 숫자였습니다. 무장을 하고 있는 배는 기껏해야 24척 뿐이었습니다. 때문에 병사들은 겁을 먹고 있었습니다. 당시 육지에서는 일본이 승승장구하고 있다는 소식이 들려오고 있었기 때문입니다.

이순신은 병사들 앞에 나서서 외쳤습니다.

옥포 앞바다의 이순신 장군 사당

"겁먹지 마라. 지금 왜의 수군들은 승리감에 도취해 있어 아무런 방어 태세도 하지 않고 있을 것이다. 이때 기습하면 능히 이길 수 있을 것이로다."

이어 이순신은 부하 장수 정운에게 북소리를 크게 울리고 깃발을 내걸어 군사들의 사기를 높이라고 명령했습니다.

"둥둥둥!"

북소리가 울리자 이순신이 이끄는 조선의 수군 함대는 미끄러지듯 적진을 향해 돌진했습니다.

"공격하라! 왜적은 지금 무방비 상태다. 적선을 침몰시켜라!"

○ 부산진순절도. 왜군과 관군의 전투 장면

이순신의 우렁찬 목소리에 조선의 수군은 더욱더 용기를 얻었습니다. 조선 수군은 왜적선을 향해 공격을 퍼부었습니다. 불화살은 물론 천자포와 지자포 등을 쉴 새 없이 쏘아 댔습니다.

뿐만 아니라 판옥선을 앞세우고 좁은 왜적 함선을 들이받아 부수었습니다. 판옥선은 두껍고 단단한 나무로 만들어서 일본의 얇고 가냘픈 배 정도는 얼마든지 부술 수가 있었습니다. 왜선들은 당황해서 어찌 할 바를 몰랐습니다.

갑작스레 당한 공격이라 반격조차 하지 못하고 도망치기에 바빴습니다.

이날 이순신의 함대는 왜선 26척을 완전히 침몰시키고 군량미와 갑옷을 빼앗았습니다. 또 붙잡혀 있던 포로를 구출해 데리고 왔습니다. 이 싸움이 바로 '옥포 해전'입니다. 임진왜란 당시 우리에게 첫 승리를 안겨 준 싸움입니다.

학익진전법으로 승리한 한산 대첩

7월 7일, 왜군의 대형 전투함 36척을 비롯한 함선 70여 척이 견내량(고성과 거제 사이에 있는 좁은 물길이에요)에 집결했습니다. 왜군의 수군 대장은 와키사카 야스하루였습니다. 그는 본토에 있던 도요토미 히데요시의 명령을 받고 이순신 함대를 격파하기 위해 최정예 전투함을 견내량에 모았던 것입니다.

이미 왜군의 움직임을 보고 받고 있던 이순신은 생각했습니다.

'견내량이라면 물살이 빠르고 좁은 곳이로구나. 일본의 배는 가늘고 길게 생겨 빨리 지나다닐 수 있지만 우리의 판옥선은 드나들기 힘들 것이리라. 그렇다면 이번에도 놈들의 배를 바다 쪽으로 유인해야 할 것이로다. 왜군들이 살아서 한산도에 상륙한다 하더라도 한산도는 무인도이니 오래 버티지 못하고 금방 항복하리라.'

이윽고 결전의 날이 다가왔습니다.

이날 아침, 이순신은 아군의 배를 한산도 바깥에 머물도록 하고 판옥선 대여섯 척을 견내량 쪽으로 보냈습니다. 판옥선은 견내량 안쪽에 있는 일본 수군을 향해 불화살을 쏘아 대며 맹렬한 공격을 퍼부었습니다.
　일본 수군들은 서둘러 반격을 시작했고, 그때를 기다려 판옥선은 재빨리 견내량 바깥으로 도망쳐 나왔습니다.
　"조선 수군이 도망친다. 쫓아가 섬멸하라."
　뒤이어 일본 수군의 배가 뒤쫓아 왔습니다.
　본 함대를 이끈 이순신은 멀리서 그 모습을 지켜보고 있었습니다.
　'그래 조금만 더 나와라.'
　이윽고 왜선들이 견내량을 모두 빠져나왔을 즈음이었습니다.
　이순신은 칼을 높이 들어 공격 명령을 내렸습니다.
　"공격하라. 학익진을 펼쳐 놈들을 포위하라. 단 한 척도 남김 없이 모두 침몰시키라!"
　기다렸다는 듯 조선 수군의 배가 움직이기 시작했습니다. 한군데 몰려 있던 조선 수군의 배들은 사방으로 흩어지며 서서히 학의 날개 모양을 만들었습니다. 그러고는 대포와 불화살을 쏘아 대기 시작했습니다.
　왜군 함대는 졸지에 포위당하고 말았습니다. 이때부터 더욱 맹렬하게 천자포와 지자포를 비롯한 각종 화포가 불을 뿜었습니다.
　이때 거북선은 왜선의 한가운데를 헤치고 들어가 머리로 왜선의 허리를 들

⬆ 한산대첩도 기록화

이받았습니다. 그때마다 쩍 쩍 하는 소리와 함께 왜선이 부서지고 쪼개졌습니다. 성급한 왜군들이 거북선의 지붕으로 뛰어들었지만 그들은 거북선의 등에 꽂힌 못에 찔려 목숨을 잃고 말았습니다.

왜군의 배가 곳곳에서 침몰하기 시작했습니다.

"후퇴하라!"

왜군의 장수가 후퇴 명령을 내리자 왜선들은 도망치기 위해 뱃머리를 돌렸습니다. 그러나 그들은 곧바로 또 다른 적을 만나야 했습니다. 바로 암초였습니다. 도망치기에 급급하던 왜선들은 이곳 저곳에서 암초에 부딪쳐 스스로 침몰하고 말았습니다. 물론 이순신 장군의 함대가 왜선을 그쪽으로 밀어붙인 것이었습니다.

✅ **거북선**

임진왜란 때 이순신이 만든 거북 모양의 배. 등에는 창검과 송곳을 꽂아 적이 오르지 못하게 하였고, 앞머리와 옆구리 사방에는 화포를 설치하였습니다. (☞201쪽)

살아 있던 왜구들은 이순신의 생각대로 한산도로 몰려갔습니다. 그러나 한산도는 먹을 것이 전혀 없는 돌섬이었습니다. 하루 이틀이 지나자 왜군들은 굶주림과 추위에 떨었습니다.

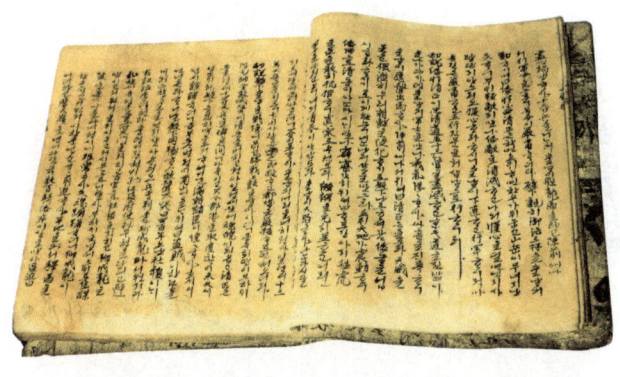
○ 〈임진록〉필사본. 임진왜란을 생생하게 그린 작자 미상의 소설

원균은 이 섬을 포위한 채 도망치는 왜군의 목을 베었습니다.

조선 수군의 대승리였습니다. 적병 5만 5천 중에서 4만 명이 물귀신이 되거나 조선 수군의 칼에 죽었고, 70여 척의 배 중에서 무려 66척이 침몰했습니다.

그런 반면 조선 수군은 배 한 척도 파손되지 않았고, 단 18명만이 전사했습니다. 조선의 완벽한 승리였습니다.

✓ 원균

임진왜란 때 경상 우수사였던 원균은 이순신의 도움을 받아 왜군을 물리칩니다. 하지만 이순신이 삼도 수군통제사가 되자, 이에 불복하여 충청도 병마절도사로 좌천됩니다. 정유재란 때 칠천도에서 크게 패하고 전쟁 중 전사합니다.

물살을 이용한 명량 대첩

1597년 7월, 남해안에는 12척의 배밖에 남아 있지 않았습니다. 이순신이 한때 누명을 쓰고 옥살이를 한 적이 있는데, 이때 조선 수군을 지휘했던 원균이 칠천량 전투에서 크게 패해 대부분의 배를 잃었기 때문이었습니다. 반면 왜군의

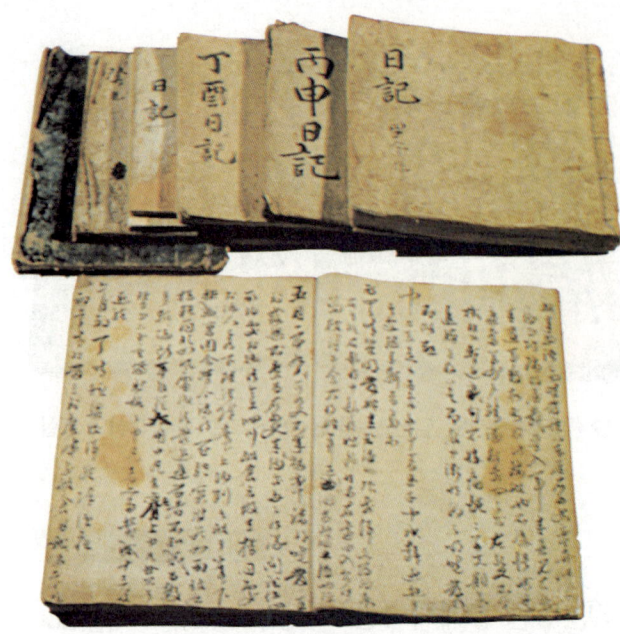

🔼 이순신의 난중일기

함대는 모두 100척이 넘었습니다.

돌아온 이순신은 어떻게 하면 적은 수의 배로 많은 수의 배를 이길 수 있을지 곰곰이 생각했습니다. 그 사이 부하 장수가 달려와 보고했습니다.

"장군님, 왜선 130여 척이 명량 앞바다의 좁은 뱃길을 통과할 것이라는 정보가 있사옵니다."

이때 이순신의 머릿속에 문득 스치는 생각이 있었습니다.

'명량 앞바다의 좁은 뱃길? 그곳이라면 물살이 빠르고 조수 간만의 차가 심한 곳인데……. 만약 이런 바닷물을 이용한다면……?'

이윽고 9월 16일 이른 아침, 역시나 왜선 130여 척이 명량 앞바다의 좁은 뱃길을 이용해 서쪽에서 동쪽 출구 쪽으로 향하고 있었습니다.

"뱃길의 서쪽 출구를 막아라!"

말하자면 적의 뒤쪽을 막으라는 것이었습니다.

부하들은 차라리 지난 번 전투 때처럼 바다로 유인해 기

✅ **난중일기**

난중일기는 1592년부터 1598년까지 임진왜란 때 일을 연도별로 기록한 7권의 일기입니다.
난중일기에는 이순신의 개인적 경험뿐만 아니라 당시 전쟁 상황과 군사적 전술까지 모두 기록해 놓아 지금까지도 역사적 자료로서 가치를 인정받고 있습니다.

습 공격을 하는 것이 낫지 않느냐고 되물었습니다.

그러자 이순신은 자신 있게 대답했습니다.

"군사들은 들으라. 곧 왜적선은 다시 서쪽으로 몰려올 것이다. 장수들은 즉시 지자포와 천자포를 집중 배치하여 공격 준비를 서둘러라!"

과연 그랬습니다. 왜적의 배들은 서쪽에서 동쪽으로 이동하다가 어느 순간에 이르자 갑작스레 방향을 바꾸어 동쪽에서 서쪽으로 움직였습니다.

그런데 참으로 해괴한 일은, 왜선들이 거꾸로 달려오는 것이었습니다. 그것은 바로 명량 앞바다의 어지러운 바닷물 흐름 때문이었습니다. 즉 왜선들이 동쪽 수로를 향해 나아갈 때는 밀물이어서 왜선들이 가는 쪽으로 바닷물이 흘렀는데, 조선 수군이 서쪽을 막아섰을 무렵에는 바닷물의 흐름이 썰물로 바뀌어 반대쪽으로 강하게 흐르기 시작했던 것입니다. 그러니 왜군들의 배는 강한 물살을 이기지 못하고 뒤로 떠밀릴 수밖에 없었던 것입니다.

◆ 비격진천뢰

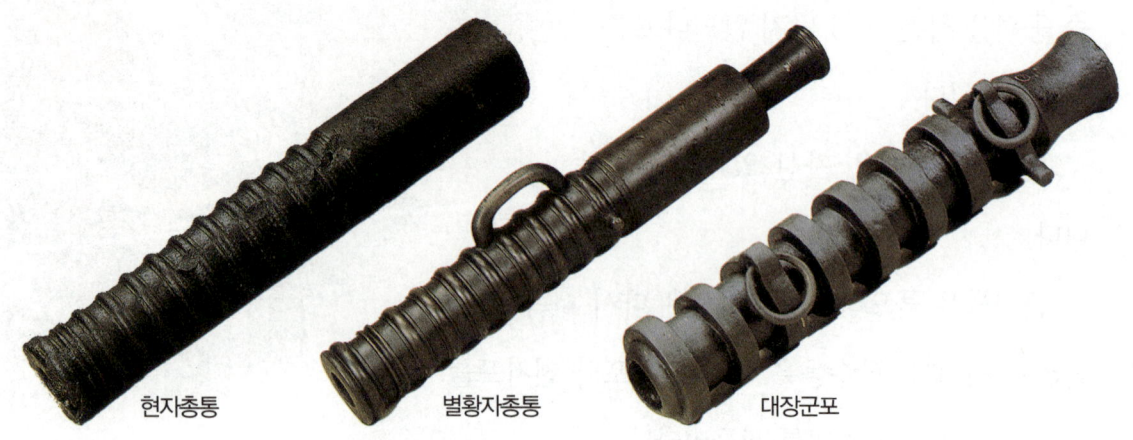

현자총통　　별황자총통　　대장군포

🔼 조선시대의 무기

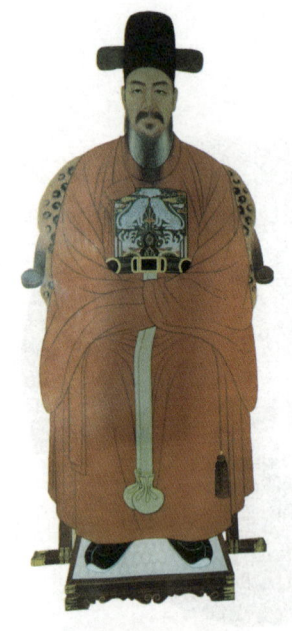

🔼 이순신 장군

왜선은 물살에 휩쓸려 서로 부딪히며 우왕좌왕했습니다. 바로 이때, 이순신은 공격 명령을 내렸습니다.

"공격하라! 천자포, 지자포로 놈들의 배를 부숴라!"

공격은 성공적이었습니다. 왜구들은 순식간에 31척의 배를 바다에 빠뜨리고 후퇴하기 시작했습니다. 세 번째 완벽한 승리였습니다.

이순신은 뒷날 노량 해전에서 '내 죽음을 적에게 알리지 마라!'는 말을 남기고 숨을 거두었습니다.

임진왜란 당시의 주요 전투

• 동래성 전투(1592년 4월 15일)

이날 오전 6시 동래성으로 진군한 고니시의 일본군은, 동래부사 송상현에게 '싸우려면 싸우고, 싸우지 않으려면 길을 내놓아라.'라고 쓴 팻말을 보이며 항복을 요구했다. 이에 대해 송상현은, '싸워서 죽기는 쉬워도 길을 내주기는 어렵다.'라고 쓴 팻말을 성 밖으로 내던지며 싸울 각오를 다졌다. 그러나 약 2만에 이르는 일본군의 포위 공격으로 동래성은 함락되었고, 송상현은 달려드는 일본군 장수들에게, '이웃 나라의 도리라는 것이 이런 것이냐, 우리가 너희에게 잘못한 일이 없거늘 너희의 이 같은 침략 행위가 과연 합당한 것이냐!'라며 끝까지 싸우다 전사하였다.

• 한양성 함락(1592년 5월 2일)

일본군 제2군이 한강 남쪽에 도착했다. 이때 도원수 김명원이 강 북쪽에서 일본군을 저지하기 위해 기다리고 있다가 겁을 먹고 도주하였다. 결국 한강 방어선이 무너지자 가토군은 다음날, 한방울의 피도 흘리지 않고 한양을 점령했다.

• 평양성 탈환 작전(1593년 1월 9일)

작전 사령관은 명나라의 이여송 장군. 여기에는 조선군 1만여 명이 함께 포함되어 있었다. 이들 조·명 연합군은 평양성을 빼곡히 포위한 뒤, 8일 아침부터 화력이 뛰어난 화포를 이용해 성문에 집중 포격하여 성을 점령하였다. 이어 고니시군을 을밀대 쪽으로 몰아부친 뒤, 고니시에게 철수를 요구했다. 이에 고니시의 일본군은 바로 그날 밤, 대동강을 건너 남쪽으로 후퇴했다.

• 벽제관 전투(1593년 2월)

평양을 점령한 이여송 군대는 그 여세를 몰아 일본군의 뒤를 쫓아 벽제까지 추격했다. 이때 이여송은 패전한 일본군들을 쉽게 격멸할 수 있으리라 생각하고 단지 수백의 기병만 이끌고 추격했다. 그러나 일본군은 이러한 이여송을 간파하고 반격을 개시하여 단숨에 이여송의 추격군을 대파하였다. 이에 놀란 이여송은 자신의 군대를 다시 평양으로 이동시키고 꼼짝도 하지 않은 채 휴전 회담에만 골몰했다.

〈임진왜란 당시 일본군의 조선 침공 경로〉

→ 선조의 피난 경로
---> 일본의 침공 경로

일본군의 부대 편성

제1군 : 고니시 군사 18,700명
제2군 : 가토 군사 22,800명
제3군 : 구로다 군사 11,700명
제4군 : 모리 군사 14,700명
제5군 : 후쿠시마 군사 25,000명
제6군 : 고바야카와 군사 15,700명
제7군 : 모리 군사 30,000명
제8군 : 우키다 군사 10,000명
제9군 : 하시바 군사 11,500명
수 군 : 도우도우 군사 9,200명

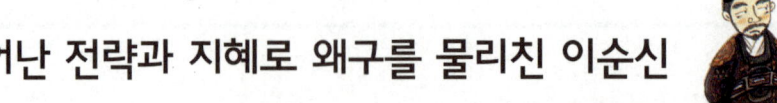

뛰어난 전략과 지혜로 왜구를 물리친 이순신

후추 때문에 임진왜란이 일어났다고요?

1592년 4월 13일 왜군이 부산포 항구에 도착했어요. 엄청난 대군을 이끌고 말이지요. 일본의 도요토미 히데요시는 틈만 나면 조선을 침략할 기회를 엿보고 있었어요. 도요토미 히데요시는 일본의 분열된 세력들을 하나로 통일한 사람이에요.

도요토미 히데요시가 분열을 수습하긴 했지만 일본의 상황은 안심할 수 없었어요. 언제 다시 싸움이 벌어질지 몰랐지요. 그래서 도요토미 히데요시는 조선을 침략하기로 마음먹었어요. 침략전이 벌어지면 일본인들이 똘똘 뭉칠 것이라고 생각한 거예요. 물론 그가 조선을 침략하려는 데는 그의 정복 욕구도 있었어요.

도요토미 히데요시는 침략을 하기 전에 조선의 상황을 파악하고 싶었어요. 그래서 사신을 보냈지요. 당시 일본은 조선에 사신을 보내는 일이 많았어요. 도요토미 히데요시는 사신에게 조선을 자세히 살피고 오라고 명령했어요.

조선에 도착한 일본 사신은 조선이 전쟁 준비가 전혀 되어 있지 않다는 것을 알고 자신만만해졌어요.

이러한 사실도 모른 채 조선의 관리들은 일본에서 온 사신을 위해 잔치를 열어 주었지요. 이때 일본 사신이 품속에서 작은 병 하나를 꺼내더니 자리에서 벌떡 일어났어요. 그리고는 병 속에 있는 것을 상에 뿌리기 시작했지요. 그 병 속에는 후추가 있었어요. 당시 후추는 아주 귀하고 비싼 것이었어요. 조선의 관리들은 후추를 줍기에 정신이 없었어요. 잔치에서 지켜야 할 예절 같은 것은 안중에도 없었어요. 잔치는 엉망이 되

◆ 임진왜란을 일으킨 도요토미 히데요시

어 버렸답니다. 일본 사신이 이 광경을 보고 무슨 생각을 했을까요? 관리들이 이렇게 규율도 지키지 않고 어수선할 때 조선을 공격해야겠다는 생각을 했어요. 일본으로 돌아간 사신은 도요토미 히데요시에게 자신이 보고 느낀 것을 그대로 얘기했어요.

물론 후추 하나로 일본의 침략을 설명할 수는 없을 거예요. 하지만 이 이야기를 통해 우리는 당시 조선의 관리들이 얼마나 문란하고 준비성이 없었는지 짐작할 수 있어요.

도요토미 히데요시는 계획대로 임진왜란을 일으켰고, 전쟁은 7년여 동안 계속 됐어요. 전쟁을 치르는 동안 조선은 크게 황폐해졌지요.

이순신 장군의 승리 비결은?

하나, 거북선

왜군이 쳐들어왔을 때 육지에서의 싸움은 매번 우리나라가 지고 말았어요. 당시 조선은 전쟁 준비도 제대로 되어 있지 않았거든요. 관리들은 '설마 왜가 쳐들어올까?' 하면서 안일한 생각을 가지고 있었지요.

◆ 거북선

다행히 바다에서는 달랐어요. 일본군은 많은 배와 군사를 가지고 해상에 나타났지만, 이순신 장군에게 번번이 패하고 말았어요. 이순신은 전쟁이 일어나기 전부터 거북선을 만들며 치밀하게 전쟁에 대비했기 때문이지요.

거북선이 완성되자 이순신은 선조에게 장계를 올렸어요. 장계는 전투 상황을 알리고 특별한 일이 생기면 임금께 올리는 일종의 보고서 같은 것이었어요. 장계에는 거북선에 대해 이렇게 설명하고 있어요.

'앞에는 용의 머리를 만들었고, 그 입으로 대포를 쏠 수 있게 했습니다. 배 위에는 덮개를 덮고, 그 덮개 위에 쇠못을 꽂아서 적이 뛰어오르지 못하게 했습니다. 왼쪽과 오른쪽에는 각각 6개의 대포, 앞과 뒤에 각각 1개의 대포를 설치했습니다. 거북선의 장점은 앞으로 돌격해서

적을 들이받는 역할을 훌륭하게 해낼 수 있다는 점입니다.'
이밖에도 장계에는 거북선이 약 130명이 탈 수 있고, 6km 정도의 속도를 낼 수 있다고 기록되어 있어요.
이순신은 이렇게 만든 85척의 배를 가지고 여수 앞바다에 싸움을 하러 나갔습니다. 왜군의 배 500여척을 상대하기에는 수적으로 우리가 불리했어요. 하지만 이순신은 당당한 기세로 왜군과 맞서 싸웠어요. 이순신의 전략도 좋았지만, 거북선이 없었다면 왜군의 배를 그렇게 쳐부수기는 어려웠을 거예요.
거북선과 충돌한 왜군의 배들은 침몰하기 일쑤였어요. 왜군은 거북선을 가리키며 '장님배'라고 불렀어요. 앞뒤를 가리지 않고 달려드는 거북선이 그들에게는 그렇게 보였던 모양이에요. 또 왜군의 역사책을 보면 거북선을 철갑선으로 기록하고 있어요. 하지만 실제로 거북선은 두 겹 이상의 튼튼한 나무판자를 이어 붙여서 만든 것이지요. 왜군은 튼튼한 거북선을 보고 철로 만든 줄 알았던 모양이에요.

둘, 판옥선

한산도 앞바다에 새로운 형태의 배가 등장했어요. 이순신은 거북선 대신 '판옥선'이라는 것을 선보였지요. 이전까지의 배가 한 층으로 만들어져서, 배를 움직이는 노꾼과 싸움을 하는 군인들이 뒤섞여 있었다면, 판옥선은 그런 문제점을 해결한 배였어요. 층이 여러 층으로 되어 있기 때문에 배 안에서의 움직임을 보다 질서 있게 할 수 있었지요.

○ 판옥선 그림

노를 젓는 사람들은 맨 아래층에서 배를 조종했고 전투를 맡은 군인들은 위층에서 싸움을 했어요. 갑판도 넓었기 때문에 대포를 설치하는 것도 좋았지요. 게다가 판옥선은 배의 갑판이 높았어요. 왜군은 상대편의 배로 뛰어 올라서 싸움을 하는 게 특징이었거든요. 그런데 판옥

◑ 진남관. 이순신이 전라 좌수영 본영으로 사용하던 곳을 정유재란 때 불타자 지금의 객사 모습으로 새로 지었다.

선이 원체 높으니 감히 뛰어들 생각을 못했지요. 게다가 배 아래가 평평하고 두꺼워서 배를 정박하는 것도 안정감 있었어요. 파도가 거셀 때는 배를 육지에 올릴 수 있었지요. 판옥선은 두꺼운 소나무를 겹겹이 겹쳐 놓아서 왜군이 쏘는 대포에도 잘 버텨 낼 수 있었어요.

셋, 적을 알고 나를 안다.

판옥선은 좋은 점도 많았지만 단점도 가지고 있었어요. 적의 배보다 속도가 느리고 무겁다는 점이었지요. 이순신은 판옥선에 단점을 파악하고 왜군을 넓은 바다로 유인해서 싸움을 했어요. 또 이순신은 암초와 밀물, 썰물을 잘 이용했어요. 이순신을 싸움을 하기 전에 적의 특성은 물론이고 우리 군선과 바다의 특징도 잘 이해하고 있었지요. 그야말로 적을 알고 나를 안 다음에 싸움을 한 거에요.

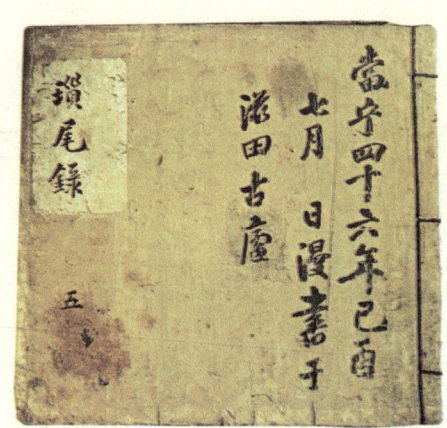
◑ 〈쇄미록〉. '피난기'라는 뜻으로 임진왜란 때 학자 오희문이 쓴 책

권율의 행주 대첩과 홍의장군 곽재우

물밀듯이 쳐들어오는 일본 군사들에 맞서 권율 장군은 빼앗긴 한양성을 탈환해야 했습니다.
이를 위해서 권율 장군은 군사들과 의병들을 행주산성으로 모이게 하고 일본군을 위협했지요.
그러자 불안해진 일본군이 먼저 공격을 개시했어요.
전쟁이 시작되자 우리 군사들은 돌을 구해 던지기 시작했고 이를 지켜보던
아낙네들까지 합세하기 시작합니다.

행주치마로 왜적을 물리치다

1593년 2월, 권율은 행주산성으로 들어가 한양성을 탈환할 기회를 엿보고 있었습니다.

그러나 이때 한양성을 점령하고 있던 왜군은 무려 20만이 넘었고, 행주산성에는 권율이 거느린 1만여 명의 병사와 승병장 처영의 군사 5백여 명이 전부였습니다.

○ 권율 장군이 한양으로 진격하는 왜군과 싸웠던 독산성
(경기도 오산)

2월 12일 새벽, 공격을 서두른 쪽은 왜군이었습니다.

왜군 역시 한양성을 지켜야 했고, 그러기 위해서는 위협이 되고 있는 권율의 부대를 격파해야 했기 때문이었습니다.

왜군의 최초 공격 선발 부대는 3만 명이었습니다. 공격 사령관은 가토 기요마사였는데, 그의 부대는 다른 어느 왜군 병사들보다도 가장 용맹하고 날쌘 군사들로 이루어진 선봉 부대였습니다. 왜군들은 단숨에 행주산성 아래로 새까맣게 몰려들었습니다.

그러나 권율은 두려워하지 않고, 일단 왜군이 성 바로 아래쪽으로 다가올 때까지 기다렸습니다.

이윽고 왜군이 가파른 성벽 아

△ 권율장군

래로 다가왔습니다. 권율은 기다렸다는 듯 공격 명령을 내렸습니다.

"공격하라!"

병사들은 화살을 쏘며 돌을 굴렸습니다. 무수히 달려들던 왜군들은 뜻밖의 공격을 받고 물러나지 않을 수 없었습니다.

그렇다고 왜군이 후퇴한 것은 아니었습니다.

일단 숫자가 많은 왜군들은 부대를 셋으로 나누고 한 부대씩 번갈아 가며 행주산성을 공격해 왔습니다. 왜군은 쉬면서 공격을 할 수 있었지만 조선군은 한시도 쉬지 못하고 왜군을 막아 내야 했습니다.

권율은 지쳐 가는 병사들을 격려했습니다.

"조선의 병사들은 용기를 내라. 비록 숫자는 왜군이 많으나 우리는 승리할 수 있다. 절대 포기해서는 아니 된다."

권율은 직접 물통을 들고 다니며 병사들에게 물을 먹여 주기까지 했습니다. 그런 권율의 모습을 본 병사들은 더욱 큰 힘을 얻으며, 끝까지 싸우리라는 각오를 했습니다.

◐ 화차

싸움은 양쪽이 한 치의 양보도 없이 매우 치열했습니다. 권율은 행주산성을 지켜야 한양을 되찾을 수 있다고 믿었습니다. 적장 가토 기요마사도 행주산성을 함락시켜야 다시는 조선군이 한양성을 넘보지 못할 것이라 생각했습니다.

싸움은 하루 종일 이어졌고 왜군의 시체는 성밖에 새까맣게 깔렸습니다. 그래도 왜군은 지치지 않고 조총과 화살을 쏘며 행주산성을 향해 달려들었습니다.

조선군은 이제 화살도 떨어졌습니다. 하지만 권율은 포기하지 않았습니다.

"병사들은 들으라. 왜군이 쏜 화살을 뽑아 다시 쏘고, 그것도 모자라면 돌멩이라도 던져라!"

권율의 명령대로 병사들은 돌멩이를 던져 왜군의 머리를 맞추고 다리를 맞추었습니다.

✔ 조선의 무기

조선 초 과학 기술의 발달은 무기 발달에도 영향을 끼쳤어요. 그중에서도 화차의 발명은 임진왜란을 승리로 이끄는 데 중요한 역할을 하지요. 화차는 수레 위에 발사대를 설치해 신기전이라는 화살 100개를 한꺼번에 쏘아 날리는 무기였어요. 일반 활에 비해 2배가 넘는 거리까지 쏠 수 있는 데다가 신기전은 목표점에 다다르면 폭발하게 되어 있어 파괴력도 대단했지요.

◐ 행주산성 터 ◐ 행주 대첩 기념비

✓ **조총**

임진왜란 당시 일본은 네덜란드에서 수입한 조총을 가지고 조선을 위협합니다. 조총은 길이가 길고, 명중률이 좋아 조선이 육지 전투에서 패하게 되는 원인이 되었습니다.

그러자 성 안에 있던 아녀자들도 나서서 돌멩이를 주워 병사들에게 갖다 주었습니다. 아녀자들은 하나같이 치마를 덧입고 거기에 돌을 담아 날랐습니다. 그것이 바로 행주치마입니다. 군사들은 비록 무기는 떨어지고 없었지만 아녀자들까지 나서서 군사들을 돕자 더 큰 힘을 얻었습니다. 결국 조선군보다 훨씬 더 나은 무기를 가지고 있던 왜군들은 무려 1만 명의 시체를 남겨 두고 행주산성에서 후퇴해야 했습니다.

행주 대첩은 권율과 병사들, 그리고 행주치마를 두른 아녀자들이 거둔 승리였습니다.

◐ 일본군의 조총

홍의장군 곽재우

왜군이 부산포를 공격하면서 시작된 임진왜란은 우리 관군이 육지에서 매번 패배하면서 불안을 가져다 주었습니다. 1592년 5월 2일에는 도읍인 한양까지 왜군의 손에 넘어가고 말았지요. 선조 임금도 새벽에 몰래 피난을 가야 했어요.

하지만 왜군이 아무리 애를 써도 점령하지 못했던 곳이 있었어요. 이순신 장군이 지키고 있는 남해 바다와 의병장 곽재우가 지키는 호남의 길목이었어요. 곽재우는 최초로 의병을 일으킨 인물이에요. 의병은 나라를 위해서 스스로 군사를 일으킨 사람을 말해요.

원래 곽재우는 선조 때 과거에 합격을 했지만 왕의 마음을 거스르는 글귀를 써서 합격이 취소된 인물이에요. 이후 그는 과거를 포기하고 은거 생활을 했어요. 그러다가 임진왜란이 일어나자 고향인 경상도 의령에서 의병을 일으켰지요. 곽재우는 붉은 옷을 입고 스스로를 '천강홍의장군' 이라고 칭했어요. 하늘에서 내려온 붉은 옷을 입은 장군이란 뜻이지요. 사람들은 흰 말을 타고 붉은 비단 군복을 입고 싸우는 곽재우를 가리켜서 '홍의장군' 이라고 불렀어요.

✅ 조선 여인들의 옷차림

조선 시대부터 여자는 치마 속에 바지를 입기 시작했어요. 또 신분에 따라 옷 입는 법도 달랐는데 양반은 치마를 왼쪽 뒤에서 앞으로 잡고 다녔고, 평민은 오른쪽으로 잡고 다녔다고 해요.
또 나이에 따라 옷의 색깔도 달랐어요. 출가하여 아이를 낳기 전까지 다홍 치마를, 중년이 되면 남색 치마를, 노년이 되면 옥희색 치마를 입었다고 해요.

◐ 곽재우 동상

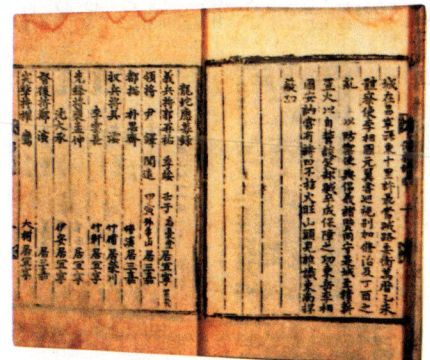

◐ 〈창의록〉. 곽재우와 함께 했던 의병들에 관한 기록

> **✅ 진주 대첩**
>
> 진주성은 경상 일대를 장악한 일본군이 전라 지역으로 진출하기 위해서 반드시 점령해야 하는 요충지였어요. 일본군 주력 부대는 진주 남강을 건너 진주성을 포위하여 공격했어요. 성벽에 사다리를 기대거나 삼층 누각을 만들어 총공세를 펼쳤지요. 그러나 김시민 목사를 비롯한 성 안의 병사와 백성들은 조금도 물러섬 없이 공격을 막아 냈어요.
> 결국 일본군은 뜻을 이루지 못하고 돌아갑니다.

그런데 붉은색 옷을 입으면 적의 눈에 잘 띄지 않을까요? 맞아요. 공격의 표적이 될 수도 있지요. 하지만 곽재우는 이를 잘 이용했어요. 강렬한 붉은색은 의병들의 사기를 높이는 데도 그만이었고, 왜군들을 교란시키는 데도 붉은색 옷이 이용됐어요. 특히 왜장 안코구지가 이끄는 군대와 싸울 때 붉은 옷의 활약을 볼 수 있었지요.

안코구지 부대는 진주의 남강을 건너서 전라도 지역으로 들어갈 생각을 가지고 있었어요. 곽재우가 이끄는 의병 부대는 왜군과 맞서서 싸우다가 급하게 도망을 쳤어요. 왜군들은 도망치는 곽재우 부대를 추격했어요. 추격을 하다 보니 의병들은 하나도 보이지 않고, 왜군들은 숲 속 깊이 들어오게 되었어요. 왜군은 불안해지기 시작했어요. 잘못하다가는 기습을 당할 수도 있었으니까요. 그래서 다시 숲을 벗어나려고 했는데, 그때 뒤에서 의병들이 나타났어요. 의병들 가운데는 붉은 옷을 입은 장수가 하나 서 있었지요.

"난 홍의장군 곽재우다! 이놈들아 덤벼라!"

왜군들은 그를 뒤쫓으며 공격했어

○ 진주성

요. 그런데 이게 어찌 된 일일까요? 한참을 싸우고 있는데 홍의장군이 갑자기 사라져 버린 것이었지요. 그러더니 옆에서 불쑥 하고 나타났어요.

"홍의장군이 여기 있다. 어서 덤벼라!"

또다시 왜군은 홍의장군 쪽으로 우르르 달려갔어요. 그러자 홍의장군이 또 감쪽같이 사라져서는 이번에는 앞에서 나타났어요.

"뭘 그렇게 찾느냐! 홍의장군 여기 있다!"

왜군들은 또 홍의장군 쪽으로 몰려갔어요. 하지만 가까이 다가가면 홍의장군이 귀신같이 사라져서는 엉뚱한 곳에서 나타나서 고함을 지르기 일쑤였어요. 사방에서 홍의장군이 나타났다가 사라지기를 반복했지요. 왜군들은 홍의장군의 붉은 옷만 봐도 가슴이 철렁할 정도로 무서웠어요.

정말로 홍의장군이 귀신같이 재빠른 사람이었을까요? 이건 홍의장군의 계략이었어요. 자신과 닮은 군사들을 골라내서 붉은 옷을 입힌 것이지요. 왜군은 이걸 몰랐으니 놀랄 수밖에 없었지요.

곽재우는 왜군 병사들이 어수선한 틈을 타서 총 공격을 지시했어요. 왜군들은 곽재우에게 꼼짝없이 패할 수밖에 없었어요.

> **김시민**
>
> 임진왜란 때 1591년 목사 이경이 죽자 그를 대신하여 진주성을 지킨 김시민은 8월 진주 목사로 임명됩니다. 10월 왜군이 대대적으로 진주성을 공격하자 곽재우, 최경회 등의 의병장들의 도움을 받아 전체를 지휘하며 전투를 진행하였습니다. 임진왜란 3대 대첩 중 하나로 기록된 이 전투에서 김시민 장군은 적의 탄환을 맞아 죽습니다.

◎ 김시민 장군 동상

권율의 행주 대첩과 홍의장군 곽재우

의병들의 활약

↑ 의병장으로 이름을 떨친 사명 대사

왜군이 쳐들어왔을 때 자기만 살겠다고 도망친 관리들이 있었어요. 그래서 육지에서 우리 군은 매번 패했지요. 왜군 입장에서는 무척 반가운 일이었겠지요. 하지만 왜군에게 육지에서 싸움은 그리 만만한 것은 아니었어요. 조선 각지에서 의병이 일어나면서, 왜군을 공격하기 시작했으니까요. 의병들은 지리에 밝기 때문에 군수 물자를 운반하거나 왜군을 기습 공격하는 일을 주로 맡았어요. 의병들의 활약 덕분에 왜군들은 큰 타격을 입었어요. 의병들은 변변한 무기조차 없었지만 나라를 구하겠다는 마음으로 열심히 싸웠어요.

하지만 무능한 관리와 군인들 가운데는 의병을 돕기는커녕 그들을 시기하여 일을 그르치는 경우도 있었어요. 조헌이 이끄는 의병 부대의 죽음이 그랬지요. 관군이 지원하지 않아 700명의 의병들이 금산 전투에서 모두 죽고 말았어요. 정말 안타까운 일이었지요.

나라를 구하고자 하는 마음은 승려들도 마찬가지였어요. 승려들은 부처님의 가르침을 받드는 일을 잠시 접고 나라를 위해 무기를 들었어요. 강원도 금강산에서는 사명 대사가, 평안도 묘향산에서는 서산 대사가 승병들을 이끌었어요. 당시 억압받았던 민중들이 이렇게 힘을 모아서 싸우게 된 것은 나라를 사랑하는 마음이 가슴속에서 우러났기 때문이에요.

임진왜란 그 후...

조선 수군이 노량 해전에서 승리를 하면서 7년에 걸친 긴 전쟁이 드디어 막을 내렸어요. 조선은 커다란 피해를 입었지요. 농촌은 황폐해졌고 인구도 감소했어요. 전쟁이 일어나면 많은 사람들이 죽지만, 임진왜란의 경우에는 그 피해가 더 심각했어요. 이건 도요토미 히데요시의 특명 때문이었어요. 도요토미는 일본군에게 되도록이면 조선 사람들을 많이 죽일 것을 지시했어요. 조선의 인구가 줄어야 일

◎ 임진왜란 때 왜군 장수를 안고 진주 남강에 뛰어든 논개를 그린 기록화

본 사람들이 조선에 건너와서 살 수 있다고 주장했지요. 왜군은 명령에 따라 닥치는 대로 조선인을 죽이고 부녀자와 어린아이를 잡아다가 노예로 팔아넘겼어요. 왜군이 가한 횡포는 이것만이 아니었어요. 그들은 조선의 귀중한 문화재를 약탈하고 망가뜨렸어요. 경복궁이 불탄 것은 물론이고 귀중한 역사 자료들이 사라져 버렸어요. 왜군은 도자기를 만드는 도공들도 강제로 일본으로 끌고 갔어요.

전쟁이 끝나고 가장 시급한 것은 식량 문제였어요. 농토 대부분이 황폐해지는 바람에 농사를 지을 수 있는 땅이 부족했어요. 토지의 3분의 2가 황무지로 변했고, 왜군이 오래 머물렀던 경상도의 경우에는 그 피해가 더욱 심각했어요. 토지의 6분의 1 정도에만 겨우 농사를 지을 정도로 황폐해져 버렸지요.

백성들이 얼마나 어렵게 생활을 해야 했는지 짐작할 수 있겠지요? 조정에서 나서서 전쟁의 피해를 수습하는 일이 시급했지요. 하지만 당시 조정은 당파 싸움을 하느라 바빴어요. 또 전

◐ 의병의 모습을 보여주는 부조

쟁을 수습한다는 명분으로 많은 세금을 거뒀어요. 생활고에 시달리던 백성들은 도적이 되거나 난을 일으키기도 했어요.

임진왜란은 명나라에도 영향을 미쳤어요. 우리에게 많은 원정군을 보냈던 명나라는 국력이 약해졌어요. 그리고 이 틈을 타서 만주에 있던 여진족이 힘을 키우고 명나라를 몰아냈어요. 결국 한족이 세운 명나라가 멸망하고, 청나라가 중국 대륙의 새 주인이 되었어요.

일본과 조선의 관계

일본은 우리나라와 국교를 맺기를 원했어요. 그만한 이유가 있었지요.

쓰시마 섬에 사는 주민들은 산이 많고, 평야가 부족하여 농사를 짓기가 어렵자 일본은 노략질을 통해 식량 문제를 해결했지요. 하지만 조선이 해적질에 대해 강하게 대응했고 일본으로서는 근본적인 해결책을 찾아야 했어요. 그래서 무역을 요청했고 조선은 이를 받아들여서 세 개의 항구를 열었어요. 그곳에서 일본인들이 상업 활동을 할 수 있게 허락했지요. 하지만 일본의 노략질은 틈틈이 이어졌고 항구에서는 여러 가지 문제들이 발생했어요. 조선은 이 때문에 교역을 중단시켰지만 일본의 간곡한 사죄로 교역이 이어져 왔어요.

그러다가 완전히 국교가 단절된 사건이 일어났죠. 바로 7년에 걸친 임진왜란이 일어난 거예요. 이 일로 조선은 더 이상 일본과 교류를 하지 않았어요.

두 나라 사이의 외교 관계가 다시 회복된 것은 1607년이었어요. 일본에서는 도요토미 히데요시를 대신해서 도쿠가와 정권이 들어섰어요. 새로 들어선 정권은 임진왜란이 자신들의 뜻이 아니었음을 밝히면서 다시 통신사를 보내 줄 것을 청했어요. 임진왜란에 대해 사죄를 표하면서 말이지요. 통신사는 신의를 교환한다는 뜻을 담고 있어요.

조선은 일본의 청을 받아들여서 통신사를 보냈고 이들은 일본의 문화, 교육, 경제, 정치 측면에 많은 영향을 미쳤어요. 이후 약 260년 동안 조선 통신사가 일본에 파견됐고, 이들은 일본으로부터 극진한 대접을 받았어요. 통신사는 한양에서 부산, 그리고 쓰시마 섬을 거쳐서 최종 목적지인 에도(도쿄)에 도착했어요. 통신사의 활동은 약 6개월에서 일 년 정도의 시간이 소요됐어요. 통신사 일행은 정사·종사관·부사의 3사와 각 분야의 전문가들로 구성되었어요. 정사는 통신사를 이끄는 총책임자이고 종사관은 매일 일어나는 일을 기록하고 이것을 국왕에게 보고하는 일을 맡았어요. 부사는 총책임자를 돕는 일을 맡았지요. 통신사 일행 가운데에는 일본인과 통역을 맡은 자도 있었어요.

조선 통신사가 오고 가자 잠시 조선과 일본은 평화로운 관계를 유지하게 됩니다.

○ 조선 통신사 행렬도 일부

청나라에 무릎을 꿇은 인조, 복수를 새긴 효종

청나라는 조선에 터무니없는 요구를 하며 억지를 부리더니, 엄청난 수의 군사들을 조선에 보내 협박합니다. 결국 규모 면에서 상대가 될 수 없었던 조선은 청나라의 요청을 들어주게 됩니다.

삼전도에서 무릎을 꿇다

1636년 12월 9일의 일이었습니다. 청나라의 10만 대군이 압록강을 건너 조선을 침략했습니다.

이전부터 청나라는 조공을 받치라는 둥, 자기네 나라를 대국으로 모시고 섬기라는 둥, 심지어 왕자를 볼모로 보내라는 둥 아주 엉뚱한 요구를 해 왔습니다.

물론 조선의 인조는 그들의 요구를 하나도 들어주지 않았습니다.

앙심을 품었던 청나라는 군사를 보냈고, 그들은 임경업 장군이 지키고 있던 백마산성을 피해 남쪽으로 내려갔습니다. 순식간에 의주와 평양이 짓밟히고 개경까지 청나라 군사의 손에 들어갔습니다.

인조는 하는 수 없이 궁궐을 버리고 강화도로 피난을 가기로 마음먹었습니다.

하지만 그것도 불가능한 일이었습니다. 인조가 우물쭈물하고 있던 사이, 어느새 청나라 군사들은 영서역(지금의 불광동 부근)에 이르렀습니다.

"상감마마, 강화도로 가는 길을 청나라 군사가 막아 버렸사옵니다. 다른 곳으로 피하셔야 하옵니다."

"무엇이? 그렇다면 어디로 간단 말이냐?"

인조는 걱정스런 표정으로 물었습니다.

"상감마마, 우선 급한 대로 남한산성으로 피하시옵소서. 그 사이에 제가 청나라 장수를 만나 시간을 끌겠사옵니다."

이렇게 말한 사람은 최명길이었습니다. 최명길은 그 이전에도 청나라와 싸우지 말고 화친해야 한다고 주장하던 사람이었습니다.

최명길은 청나라 장수 용골대를 만났습니다. 그러나 용골대는 아주 냉정했습니다.

"지금이라도 싸움은 멈출 수 있으나, 그 조건으로 조선 국왕의 아우 한 사람을 볼모로 보내시오."

인조는 청나라의 요구를 들어줄 수 없었습니다.

◐ 남한산성

그렇다고 청나라의 요구를 무시할 수도 없어서 능봉군을 임금의 동생이라 속이고 청나라에 보냈습니다. 그러나 그 일은 곧 발각되었고, 청나라 군사들은 더욱 거칠게 조선 땅을 짓밟았습니다.

그 때문에 인조는 남한산성으로 피신해 있으면서도 잔뜩 겁에 질려 하루하루를 살았습니다.

마침내 청나라 임금 태종은 직접 이십만의 군사를 앞세우고 남한산성을 포위했습니다. 그리고 인조에게 사신을 보내 다그쳤습니다.

조선의 왕이 직접 성문 밖으로 나와 무릎을 꿇고 항복하라. 또한 청나라와 계속 싸우려 했으므로 세 명을 인질로 넘기라.

인조와 조선의 대신들은 그 요구만큼은 들어줄 수가 없었습니다.

"상감마마, 끝까지 싸워야 하옵니다."

모두가 그런 생각을 하고 있었습니다. 하지만 쉬운 일은 아니었습니다.

남한산성에는 겨우 만여 명의 군사가 남아 있었고, 먹을 식량도 쌀과 콩 약 2만 석, 보리가 5천 석뿐이었습니다.

그 정도 가지고는 두 달을 버티기도 힘들 것이 뻔했습니다.

그 무렵, 강화도까지 청나라 군사들의 손에 떨어졌다는 소식이 들려왔습니다.

이듬해 1월에 접어들면서 남한산성 안의 곡식도 바닥을 드러내고 있었습니다. 굶어 죽는 사람도 늘어났습니다.

인조는 더 이상 버틸 수 없음을 깨달았습니다.

"이제는 더 이상 버틸 수가 없소. 항복을 해야겠소. 최명길 대감은 항복 문서를 써서 청 태종에게 전하시오."

1월 30일, 찬바람이 살을 에이는 추운 겨울날이었습니다.

인조는 남한산성의 문을 열고 삼전도(지금의 송파구 삼전동)

✅ **오랑캐의 어원**

고려 때 북부 변경 일대에 살고 있던 여진족 가운데 일부는 고려로 귀순했지만, 올량합, 올적합, 오도리 세 부족은 귀순하지 않고 그대로 남았습니다. 오랑캐라는 말은 이들 가운데 우리나라와 접촉이 많았던 올량합족에서 비롯된 것입니다.

▲ 남한산성 수어장대

> **✓ 남한산성**
> 북한산성이 서울의 북쪽을 지킨다면 남한산성은 서울의 남쪽을 지키는 산성입니다. 신라 문무왕 시절 쌓았던 주장성의 옛터이기도 하지요. 〈남한지〉에 따르면, 이서가 맡아 1626년 완공됐다고 합니다.

까지 나아가 청 태종 앞에 무릎을 꿇었습니다. 청 태종을 향해 크게 세 번 절을 하고 아홉 번 머리를 굽혀 항복을 표시했습니다. 이때 인조의 머리에서는 상처가 났고 피가 줄줄 흘렀습니다.

이 싸움이 병자호란입니다. 병자호란은 우리나라 역사상 가장 치욕적인 전쟁이었습니다.

복수의 칼날

인조는 그런 치욕적인 전쟁을 잊지 않았습니다. 어떻게든 힘을 길러 청나라에 복수하고 싶었습니다. 자신이 하지 못하면 아들(소현세자와 봉림대군)이라도 그 뜻을 이루어 주기를 간절히 바랐습니다.

⬇ 효종 왕릉

그런데 청나라에 볼모로 잡혀갔던 소현세자는 9년 만에 돌아와 엉뚱한 소리를 했습니다.

"아바마마, 조선으로 돌아올 때, 청나라 황제께서 소원을 묻기에 황제께서 쓰시던 벼루를 달라고 청했사옵니다. 그리고 황제께서는 청나라의 발달한 문물과 서양의 기계들을 선물로 주었습니다. 소자가 생각하건대 청나라는 이런 발달한 문물이 있어서 우리보다 강대한 나라가 된 것이옵니다. 우리도 하루 빨리 청나라의 문물을 받아들여야 하옵니다."

그 말에 인조는 몹시 화를 냈습니다.

"세자, 지난날 짐이 치욕스럽게 청나라 황제 앞에 무릎을 꿇었던 사실을 잊었더냐?"

그러면서 인조는 세자를 향해 벼루를 집어던졌습니다. 소현세자는 그 벼루에 머리를 맞고 쓰러졌습니다. 그리고 그로부터 얼마 지나지 않아 세상을 떠나고 말았습니다.

인조는 소현세자 대신 봉림대군에게 왕위를 물려주었습니다. 그가 바로 효종(17대, 1649년 즉위)입니다.

효종은 아버지 인조 못지 않게 청나라에 대한 복수심을 불태우고 있었습니다. 어떻게든지 힘을 길러 청나라를 이

✓ **북벌론**

청에게 당한 치욕을 갚기 위해 청을 치자는 북벌론은 봉림대군이 귀국하여 효종으로 즉위하면서 본격화되었습니다. 그러나 효종의 갑작스러운 죽음으로 북벌론은 힘을 잃고 맙니다.

겨 내고 싶었습니다.

효종이 임금이 되어 가장 먼저 한 일은 곳곳에 벚나무를 심는 일이었습니다. 벚나무는 화살을 만드는 데 가장 좋은 재료 중 하나이기 때문입니다.

또한 이완 장군을 책임자로 임명해 전국에서 900명이 넘는 장정을 뽑아 훈련을 시켰습니다.

한편으로는 청나라 병사들이 쓰던 조총을 구해 와 사격 훈련을 시키기도 했습니다. 그리고 시험 삼아서 이들을 청나라에 보내 러시아군과 싸우게 했습니다.

조선 군대의 힘은 점차 커졌습니다. 무기도 갖추어졌고 용맹한 장수도 많아졌습니다.

그로부터 5년이 지난 어느 봄 날, 효종은 이완 장군을 불러 말했습니다.

"5월 5일이 되면 청나라를 칠 것이오. 단단히 준비해 두시오."

⬆ 효종이 쓴 글

그러나 청나라에 복수할 날만을 기다리고 있던 중 안타까운 일이 벌어졌습니다. 효종이 5월 5일이 채 되기도 전에 세상을 뜨고 만 것입니다. 그의 나이가 불과 41세였습니다.

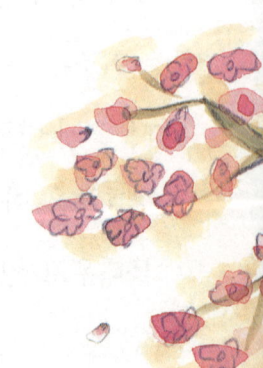

　이후로 조선은 청나라에 복수의 꿈을 이루지 못했습니다.
　청나라는 더욱 강해졌고, 조선은 당파 싸움에 휘말려 들었기 때문입니다.

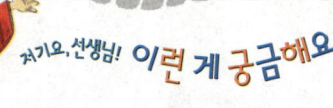

청나라에 무릎을 꿇은 인조, 복수를 새긴 효종

조선 시대 베스트셀러 하나, 〈조선왕조실록〉

〈조선왕조실록〉은 어떤 책일까요?

〈조선왕조실록〉을 통해서 우리는 조선 시대의 사회, 경제, 문화 등을 한 눈에 파악할 수 있어요. 그만큼 우리에게는 귀중한 역사책이지요. 〈조선왕조실록〉에는 태조부터 철종대왕까지 25대의 기록이 담겨 있어요. 조정에서 벌어지는 일을 연과 월, 일의 날짜 순서로 기록한 편년체로 쓰였지요.

한 가지 아쉬운 점은, 고종 실록과 순종 실록은 일제 침략기에 일본의 주도로 편찬되었기 때문에 왜곡된 부분이 많고 실록의 편찬 기준에 어긋나는 것도 많아서 실록에서 제외되었다는 것이에요.

〈조선왕조실록〉은 472년 동안의 기록을 총 1,893권에 담았어요. 한 사람이 200쪽씩 읽는다고 쳐도 2년이 넘게 걸릴 정도로 방대한 분량이에요. 그래서 〈조선왕조실록〉을 번역하는 데만 25년이 걸렸어요. 학자 3,000여명이 참여했지요. 〈조선왕조실록〉은 국보151호로 지정됨은 물론이고 유네스코 세계기록유산으로도 지정되어 있어요.

〈조선왕조실록〉이 네 쌍둥이라면서요?

〈조선왕조실록〉은 똑같은 책이 네 권이 있어요. 왜 네 권씩이나 만들었냐고요? 우리나라 남쪽으로는 왜가 있었고, 북쪽으로는 오랑캐가 있었어요. 혹시 전쟁이 나서 귀중한 자료가 없어질 것을 우려해서 각각 다른 장소에 실록을 보

○ 〈조선왕조실록〉

관했기 때문이에요. 원래 처음에는 궁궐 안에 있는 춘추관과 충주에 있는 사고에 보관하다가 세종대왕 때 전주와 성주에 사고를 추가로 설치하면서 네 곳으로 나누어 실록을 보관했어요. 실록에는 조선 시대의 여러 방면에 대한 기록이 담겨 있어요. 과학 기술과 문화, 교육 그리고 정치와 경제는 물론이고 일식과 월식에 대한 기록까지 담겨 있어서 그 가치가 높아요.

조선 시대 베스트셀러 둘, 〈동의보감〉

〈동의보감〉은 허준이 만들었지요. 허준은 조선의 명의이면서 〈동의보감〉의 저자로 알려져 있어요. 그가 쓴 〈동의보감〉은 지금도 널리 읽히는 책이지요. 허준은 1596년 선조의 명으로 〈동의보감〉을 쓰기 시작했어요. 허준은 선조를 모시는 의원이었어요. 하지만 정유재란이 일어나면서 작업이 중단 되었고, 허준은 그 후로 10년 동안 홀로 〈동의보감〉을 써 나갔어요. 1610년 광해군 2년에 〈동의보감〉이 완성됩니다. 〈동의보감〉은 분량이 방대해서 전라도, 경상도, 충청도 세 지역에서 나눠서 인쇄했다고 해요.

〈동의보감〉의 인기는 대단했어요. 당시 의원들은 너나 할 거 없이 책을 찾아서 1613년 한 해에만 세 번의 인쇄를 했어요. 게다가 우리나라뿐만 아니라 일본이나 중국에서도 〈동의보감〉을 구하고자 하는 사람이 많았어요. 중국 사람 가운데서는 〈동의보감〉을 펴내면서 글 앞에 이런 말을 덧붙였답니다.

"〈동의보감〉은 한 줄기 빛처럼 몸속을 훤히 꿰뚫어 보게 하는 책이다."

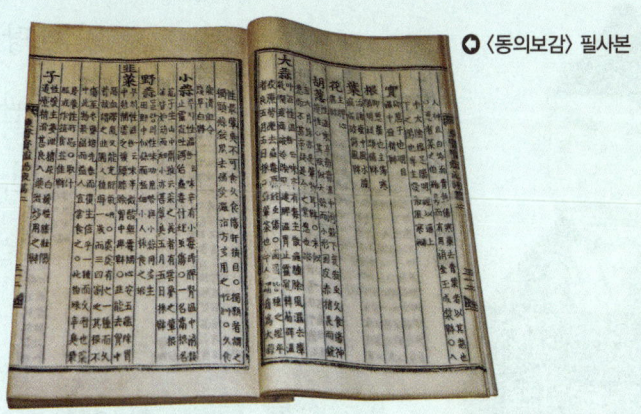

❂ 〈동의보감〉 필사본

탕평책과 영조, 정조

소론 계열 학자들에게 학문을 배운 사도세자는 노론 세력들의 견제를 받게 됩니다.
당시 붕당 정치 세력 다툼에 휘말린 사도세자는 억울한 죽음을 맞습니다.

영조의 탕평책

1724년, 왕위에 오른 영조는 붕당 정치의 잘못을 뼈저리게 느끼고 있었습니다. 이 무렵 조선은 정권을 잡은 서인이 노론과 소론으로 갈리어 치열하게 당파 싸움을 벌이고 있었습니다.

"붕당으로 온갖 폐해가 많았소. 짐은 탕평책을 실시하여 노론과 소론을 가리지 않고 인재를 고루 등용할 것이오!"

당파 싸움을 막기 위해 영조가 실시한 것은 탕평책이었습니다. 영조는 성균관 앞에 탕평비를 세우는 한편, 노론과 소론을 따지지 않고 인재를 뽑아 벼슬을 내렸고, 지방 출신의 선비와 서자의

차별을 과감히 없앴습니다.

 탕평이라는 말은 〈서경〉에 실린 '無偏無黨 王道蕩蕩 無黨無偏王道平平(무편무당왕도탕탕 무당무편왕도평평)'이라는 글에서 유래한 것인데, 어느 한 편에도 치우치지 않는다는 의미가 담겨 있었습니다.

 이렇듯 영조는 탕평책을 펼치며 당파 싸움을 막기 위해 많은 노력을 기울였습니다.

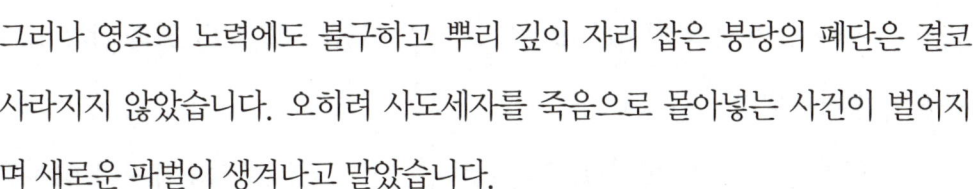

그러나 영조의 노력에도 불구하고 뿌리 깊이 자리 잡은 붕당의 폐단은 결코 사라지지 않았습니다. 오히려 사도세자를 죽음으로 몰아넣는 사건이 벌어지며 새로운 파벌이 생겨나고 말았습니다.

 사건은 이랬습니다.

 노론 세력은 사도세자가 영조의 뒤를 이어 임금에 오르는 것을 못마땅하게 여기고 있었습니다. 왜냐하면 사도세자는 소론쪽의 사람들과 더 친분이 있었기 때문입니다.

 "세자가 임금이 되면 우리 노론은 힘을 펼 수가 없소. 무슨 수를 써서라도 임금이 되는 걸 막아야 하오!"

 권력에 눈이 먼 노론은 음모를 꾸미기 시작했습니다. 없는 이야기를 지어내 영조와 사도세자 사이를 이간질하는 것도 모자라 사도세자의 잘못을 마구 부풀렸습니다.

억울하게 잘못을 뒤집어 쓴 사도세자는 분을 참지 못하고 자신의 결백을 주장했습니다. 하지만 거듭된 노론 신하들의 모함으로 영조의 질타가 거세지자, 사도세자는 정신적인 충격에서 벗어나지 못했습니다. 결국 이를 이기지 못한 사도세자는 궁녀의 목숨을 함부로 빼앗고, 궁궐을 뛰쳐나가는 등의 돌발 행동을 저지르고 말았습니다.

그러던 어느 날, 사도세자가 영조 몰래 관서 지방을 유람하고 온 일을 알게 된 노론은 그것을 꼬투리 잡아 상소를 올렸습니다.

"임금께 아뢰지 않고 유람을 다닌 것은 세자의 체통에서 벗어난 일이옵니다. 그동안 사도세자가 저지른 잘못이 그 얼마이옵니까? 이번 일과 함께 크게 꾸짖어야 하옵니다!"

노론 세력은 이 일을 빌미로 온갖 비방을 늘어 놓으며 사도세자를 궁지로 내몰았습니다. 결국 사도세자의 악행을 의심하며 불신했던 영조는 돌이킬 수 없는 일을 벌이고 말았습니다.

"세자가 잘못을 뉘우치지 않고 악행을 저지르니 더는 용서할 수 없다. 세자는 자결을 하라!"

하지만 사도세자는 고개를 저었습니다.

↑ 영조의 80세 생일을 축하하는 어연제 재연 모습

"아바마마, 억울하옵니다. 소자는 결코 죽을 수 없사옵니다."

사도세자가 자결을 거부하자 영조는 사도세자를 뒤주에 가두어 죽게 만들었습니다.

그러나 어이없게도 사도세자의 억울한 죽음으로 조정에는 또다른 붕당이 생겨났습니다. 사도세자의 억울한 죽음을 동정했던 무리들은 시파가 되었고, 당연한 죽음이라 여긴 이들은 벽파가 되어 당파 싸움을 계속해 나갔습니다.

거듭된 당파 싸움 속에서도 영조는 꾸준히 탕평책을 밀고 나갔습니다.

"붕당의 근거지가 되는 서원을 더 이상 마음대로 늘리지 못하게 하고 같은 당파에 속한 집안이 서로 혼인하는 것을 금지시키도록 하라!"

붕당의 잘못을 되풀이 하지 않으려는 영조의 노력으로 왕권은 점차 안정될 수 있었습니다. 더 나아가 영조는 가혹한 형벌을 없앴고, 신문고 제도를 부활시켜 백성들의 억울한 목소리에

✓ **<한중록>**

<한중록>은 사도세자의 아내이자, 정조의 어머니였던 혜경궁 홍씨가 겪은 파란만장한 일생을 기록으로 남긴 회고록이에요. 당시 정치 풍토와 여성들의 삶을 기록한 것으로 <인현왕후전>과 함께 대표적인 궁중 문학으로 평가 받고 있어요.

귀를 기울였습니다. 국방력을 튼튼히 하기 위해 화차를 개발하고 조총을 만들게 하여 나라의 힘을 키워 나갔습니다.

영조의 이러한 노력으로 백성들의 삶도 활기를 띠기 시작했습니다. 특히 균역법을 실시해, 국방의 의무를 대신해 나라에 내던 세금을 포목 2필에서 1필로 줄여 주었습니다. 또한 사치와 낭비를 막고 전국에 금주령을 내렸으며, 영조 스스로도 근검절약을 몸소 실행하며 모범을 보였습니다.

1776년 3월, 탕평책으로 어지러운 나라를 바로잡으려 했던 영조는 83세의 나이로 숨을 거두었습니다. 51년 동안이나 나라를 다스린 영조는 조선의 27대 왕 가운데 가장 오랫동안 통치한 왕이자, 장수한 임금이었습니다.

✓ **사도세자**

조선 영조의 둘째 아들. 당파 싸움에 휘말려 아버지 영조의 노여움을 사고, 뒤주 속에 갇혀 죽었습니다. 아들 정조가 즉위하자 장헌세자로 올려졌습니다.

개혁의 군주 정조

영조의 뒤를 이은 임금은 정조였습니다. 어린 시절 아버지(사도세자)의 비극적인 죽음을 보아야 했던 정조는 당파 싸움의 뿌리를 끊어야 한다고 생각했습니다. 정조 또한 사도세자가 죽은 이후, 노론의 온갖 위협을 견뎌야 했습니다. 왕위에 오르는 동안 노론이 보낸 자객에게 목숨을 잃을 뻔한 순간도 여러 차례였습니다.

"당파 싸움으로 나라가 큰 병을 얻은 병자처럼 앓아누워 있구나. 조선을 개혁해야 한다!"

영조가 많은 업적을 이루어 놓았지만 조정은 여전히 노론 세력에 의해 좌우되고 있었습니다. 노론의 힘을 누르지 못한다면 개혁을 이룰 수 없는 상황이었습니다. 권력을 움켜쥔 노론은 왕권마저 크게 위협하고 있었습니다.

정조는 우선 왕권을 강화할 목적으로 규장각을 설치했습니다. 규장각은 왕실 도서관이었지만 개혁 세력을 모아 학문을 연구하며 개혁 정책을 만들어 나가는 중요한 역할을 담당했습니다.

정조는 영조의 탕평책을 이어받아 당파에 물들지 않은 인재들을 조정으로 불러들였습니다. 또한 장용영이라는 국왕 직속의 군대를 만들어 개혁을 힘 있게 밀고 나가고자 했습니다. 그러나 개혁을 반대하는 노론 세력의 반발도 만만치 않았습니다.

✓ **규장각**

조선 정조 때 세운 왕실 도서관으로 역대 임금의 글이나 어진 등을 보관하고, 책을 펴내는 곳입니다. 조선 후기의 학문과 문학이 번성할 수 있는 역할을 했으며 1894년 갑오개혁 때 폐지되었습니다.

◐ 규장각도(김홍도 그림)

◐ 외규장각(강화도)

이를 막기 위해 정조는 그동안 조정에서 소외되어 있던 남인들을 대거 등용하며 노론을 견제했습니다. 정조의 신임을 받고 등용된 채제공, 이가환, 정약용 등은 정조의 개혁에 큰 힘을 실어 주었습니다.

"신분 제도에 막혀 실력이 있어도 뜻을 펼치지 못하는 인재가 너무나 많사옵니다. 이들을 두루 살피옵소서!"

정조는 정약용과 같은 실학자의 뜻을 받아들여 서자라는 신분 때문에 그동안 관직에 나올 수 없었던 이덕무, 유득공, 박제가 등을 과감하게 등용했습니다.

"전하, 토지 제도를 개혁해 백성들의 어려움을 덜어 주시옵소서. 또한 상공업을 크게 발달시켜 누구나 자유롭게 상업 활동을 할 수 있게 하옵소서!"

정조는 젊고 유능한 인재들을 중심으로 새로운 정치를 펼쳤습니다. 대대로 내려오던 법전들을 모아 '대전통편'을 편찬하며 나라의 법을 바로 세웠고, 많은 제도를 고쳐 나갔습니다. 더불어 상공업을 장려해 나라 살림을 늘렸으며 암

✅ **외규장각**

외규장각은 왕실 도서관인 '규장각'의 부속 도서관을 말합니다. 이곳에 있던 도서들은 병인양요 때 프랑스군이 강화도를 습격하면서 약탈되거나 불에 타 없어졌습니다. 현재 일부 도서들이 프랑스 국립도서관에 보관되어 있지만 프랑스 정부가 반환 약속을 미루어 국내 학자, 시민 단체들이 반환 운동을 벌이고 있습니다.

행어사를 자주 파견해 온갖 횡포를 저지르던 지방 관리들로부터 백성들을 보살폈습니다.

이처럼 정조의 개혁 정책에 힘이 실리자, 오랫동안 권력을 누렸던 노론 세력의 불안감은 더욱 커졌습니다. 노론은 사사건건 정조의 개혁 정책을 반대하며 흠집 만들기에 집중하고 있었습니다.

정조는 노론 세력의 저항을 물리칠 돌파구가 필요했습니다.

"나의 아버님이신 장헌세자(사도세자)께서 영조 대왕의 노여움으로 뒤주에 갇혀 억울하게 돌아가셨도다!"

정조는 수원에 화성을 쌓고 사도세자의 묘를 그곳으로 옮긴다는 명분을 내세웠습니다. 그러나 정조의 생각은 다른 곳에 있었습니다. 개혁의 의지를 담아 화성을 쌓고, 노론 세력이 득실거리는 한양과 맞설 수 있는 개혁 도시를 건설하려는 원대한 계획을 품고 있었습니다. 수원

○ 정조 임금은 억울하게 죽은 아버지, 장헌세자를 추모하기 위해 자주 화성에 행차했다. 이 그림은 정조 임금의 행차 모습을 그린 것이다.

채제공

영·정조 시대의 문신으로 영조 때에는 사도세자 폐위를 막았으며, 정조 때에는 탕평책을 추진한 핵심적인 인물입니다. 영·정조 두 대에 걸쳐 왕에게 두터운 신임을 받았으며 작은 규모로 활동하는 상인을 키우기 위한 제도인 신해통공을 주도했습니다.

화성은 막강한 군사력과 경제력을 갖춘 개혁의 중심 도시였던 것입니다.

수원 화성의 건설에는 개혁 세력의 의지와 지혜가 모두 담겨 있었습니다. 정조는 개혁의 중심 세력이었던 정약용에게 화성의 설계를 맡겼고, 거중기를 고안한 정약용의 눈부신 활약으로 화성은 빠르게 건설되었습니다.

화성이 완성되자 정조는 상인들과 수공업자들을 이주시키며 상공업을 크게 키웠습니다. 또한 여러 차례 화성에 행차하며 왕의 권위와 개혁 의지를 세상에 널리 알렸습니다.

이처럼 정조가 이루려 했던 개혁의 불꽃은 활활 타오르는 듯 싶었습니다. 그러나 개혁의 꿈이 무르익던 1800년 어느 날, 정조는 갑자기 숨을 거두고 말았습니다.

정조의 죽음과 함께 개혁 또한 허무하게 끝이 났습니다. 개혁을 주도했던 인재들과 실학자들은 귀양을 가거나 죽음을 맞았고, 권력을 차지한 이들은 모두 노론 세력이었습니다. 정조의 죽음으로 개혁에 실패한 조선은 새로운 변화를 맞지 못한 채, 권력 다툼으로 더욱 병들어 갔습니다.

○ 정조 임금이 쓴 〈임지로 떠나는 철옹부사에게〉

정조대왕의 소나무

어느 해 겨울, 정조대왕의 아버지 사도세자의 산소 주위를 돌보던 관리가 아뢰었습니다.

"대왕마마! 융릉 주위의 소나무가 굽어 자라고 있습니다. 뿐만 아니라 시름시름 앓다가 죽는 나무도 있사옵니다."

효성이 지극했던 정조대왕은 놀라지 않을 수 없었습니다. 그러나 그 이유를 물으니 어이가 없었습니다.

수원 화성의 팔달문

"아뢰옵기 황송하오나, 몇 해 전부터 가뭄이 극심했던 터라 백성들에게는 먹을 곡식이 부족하였사옵니다. 그리하여 목숨이라도 보전하고자 백성들이 너도나도 소나무 껍질을 벗겨내 먹으며 허기를 채우다 보니 그리 되었사옵니다."

"허허, 그런 일이……."

관리의 이야기를 다 듣고난 정조대왕은 혀를 차며 안타까워 했습니다. 아버지인 사도세자를 위해 심은 융릉 주위의 소나무가 죽거나 굽어 자라는 일도 가슴이 아팠지만 굶는 백성들을 생각하니 그것도 가슴 아픈 일이었습니다. 잠시 무언가 골똘히 생각하던 정조대왕은 곧 신하들에게 명령을 내렸습니다.

"여봐라. 즉시 궁궐의 곡간에 있는 콩 수백 가마를 풀어 맛있게 볶도록 하라. 또한 아낙들에게 조그만 주머니를 만들게 하여 소나무에 매달도록 하라!"

잠시 고개를 갸웃거리던 관리는 금방 그 뜻을 알아차리고 시키는 대로 했습니다.

그 뒤로 백성들은 소나무 껍질을 벗기지 않았습니다. 콩주머니를 따 가며 허기를 참을 수 있었으니까요.

탕평책과 영조, 정조

조선의 새로운 바람, 실학

실학은 전통적인 성리학에 대한 반성이 커질 무렵, 현실 생활에 필요한 학문을 추구하며 싹트기 시작했습니다. 임진왜란과 병자호란을 겪는 동안 온 나라가 황폐해지고 혼란해지자 실학자들은 정치, 경제, 사회를 비롯한 모든 분야에 걸쳐 개혁의 필요성을 주장했습니다.

실학은 크게 세 가지 학파로 나눌 수 있습니다. 첫째, 이익을 중심으로 펼쳐진 경세치용 학파, 이 학파는 토지 제도와 행정 기구의 불합리한 제도를 과감히 개혁하고자 했고 둘째, 박지원을 중심으로 한 이용후생 학파(북학파)는 상공업을 발전시켜 생산과 기술을 크게 혁신하고자 했습니다. 셋째, 김정희로 대표되는 실사구시 학파는 유교 사상과 교리를 담은 경서와 비석에 새겨진 글자인 금석문 등의 고증을 통해 객관적인 사실을 끌어내어 진리를 탐구하려 하였습니다. 그리고 세 학파의 사상과 주장을 모두 집대성한 사람은 다산 정약용이었습니다.

먼저, 실학의 대표적인 학자를 살펴 볼까요?

이익이 관심을 가진 것은 농촌이었습니다. 조선의 근간은 바로 농업이었기 때문입니다. 이익은 농촌에 커다란 해악을 끼치던 고리대금업이나 화폐 제도와 조세 제도의 개혁, 당파에 휩쓸리지 않고 우수한 인재를 뽑는 과거 제도의 개선 등을 주장했습니다. 그가 남긴 〈성호사설〉은 조선과 중국의 문화를 백과사전 형식으로 소개하고 비판하며 개혁 사상을 담아 낸 역작이었습니다.

◆ 실학 정신을 새긴 현판(실사구시)

◐ 이익 선생의 문집 목판

이익의 사상은 영조와 정조가 펼치려 했던 탕평책에 큰 영향을 끼쳤을 뿐만 아니라, 실학자들의 학문을 발전시키는 밑거름이 되었습니다.

한편 청나라의 앞선 문화와 기술을 연구하고 받아들여야 한다고 생각했던 실학자들이 바로 북학파입니다. 북학파는 상공업을 발전시켜 나라 경제를 튼튼히 하고, 이를 바탕으로 '부국강병'을 이루어야 한다고 생각했으며 이로운 기구를 활용해 백성들의 생활을 편안하게 하자는 '이용후생'을 주장했습니다.

북학파를 대표하는 인물로는 '지구가 돈다.'는 자전설을 주장한 홍대용과 청나라를 기행하며 정치와 경제, 문화, 천문, 지리와 같은 문물을 기록해 〈열하일기〉를 쓴 박지원 등이 있습니다. 청나라 학자들과 만나 문물과 제도, 학문에 관한 의견을 나누고 청나라에서 접한 이야기를 〈북학의〉에 담아 낸 박제가 또한 북학파를 대표하는 인물이었습니다.

정조의 신임을 받았던 정약용은 백성들의 생활에 실질적인 도움이 되는 학문에 관심을 기울이고 있었습니다. 낡은 제도를 고치고 농업을 장려했을 뿐만 아니라, 서양의 과학 기술을 받아들이는 일에도 적극적이었습니다. 그러나 정조의 죽음과 함께 집권 세력이던 노론에 의해 조정에서 밀려났습니다.

19년이라는 오랜 유배 기간 동안 오로지 학문 연구에 몰두했던 정약용은 유배에서 풀려난 뒤 고향으로 돌아와 다양한 방면에 걸친 저서를 저술했습니다. 백성을 다스리는 관리들의 도리를 적은 〈목민심서〉, 죄인과 형벌에 관한 〈흠흠신서〉, 나라의 제도를 기술한

◐ 정약용(동상)

〈경세유표〉 등을 통해 자신의 실학 사상과 개혁 의지를 담으며 실학을 집대성했습니다.
이처럼 실학파는 조선의 중흥을 꾀하며 정치, 사회, 경제 전반에 걸쳐 잘못된 부분을 새롭게 개혁하고자 했습니다. 그러나 이들의 앞선 생각은 당시 지배층에게 환영받지 못했고 오히려 수많은 탄압과 함께 뜻을 펼칠 수 없었습니다. 결국 새바람을 일으키지 못한 조선은 곧 외세와 열강들의 침략을 받아 위태롭게 흔들리고 말았습니다.

죽은 아버지께 효도하는 정조

◑ 영조

정조는 화성에 행차하는 일이 무척 잦았어요. 화성에는 아버지인 장헌세자(사도세자)의 묘가 있었기 때문이지요. 장헌세자는 영조와 영빈 이씨 사이에서 태어난 아들이에요. 영조의 명으로 뒤주에 갇혀서 죽은 비극적인 인물이지요.

정조는 장헌세자의 아들로 1776년 25살의 나이로 왕위에 올랐어요. 왕위에 오른 정조는 아버지의 죽음을 생각하면 한순간도 편하게 잠을 잘 수가 없었어요. 아버지가 영조의 오해와 간신의 모함으로 억울한 죽음을 당했다고 생각했으니까요. 정조는 왕위에 오르자마자 아버지가 죽을 때 동조했던 인물들을 모두 죽이거나 유배를 보냄으로써 한을 풀었어요. 이토록 정조는 아버지에 대한 그리움이 무척 깊었어요. 그래서 돌아가신 후라도 잘 모셔야겠다는 생각을 했어요.

우선 정조는 경기도 양주 땅에 있던 아버지의 묘를 수원으로 옮기고 자주 찾아가서 산소를 돌

◑ 정조 임금이 화성에 행차하는 모습을 재현하는 행사

봤어요. 장헌세자의 묘 주위로는 나무가 많이 심어져 있지요. 이것도 정조가 아버지를 위해 주변에 밤나무, 호두나무, 상수리나무, 소나무 등을 많이 심었기 때문이에요. 이 정도면 정조의 효심이 얼마나 극진한지 알 수 있겠지요?

정조가 화성을 쌓은 진짜 이유

정조는 화성을 쌓은 이유를 이렇게 말했어요. 돌아가신 장헌세자의 억울한 죽음을 위로하고자 능을 화산 아래로 옮기기 위함이라고 말이지요. 하지만 화성을 쌓은 데에는 다른 목적이 있었어요.

정조 임금은 왕위에 오를 때 결심한 것이 있었어요. 관리들에게 휘둘리지 않고, 강한 왕권을 가진 나라를 만드는 것이었지요. 당시에는 당파 싸움 때문에 조정이 무척 혼란스러웠거든요.

정조는 수원에 화성을 쌓고 그곳을 새로운 도시로 만들 계획을 가지고 있었어요. 기존의 도시인 한성과 맞설 수 있는 군사력과 경제력을 갖춘 도시를 만

◐ 1794년부터 2년 6개월 만에 지어진 화성

들려고 했지요. 신하들 가운데는 이런 정조의 생각에 불만을 가진 무리도 있었어요. 하지만 정조의 꿈은 이루어지지 못했어요. 뜻을 펼치기도 전에 갑작스러운 죽음을 맞이했으니까요. 정조의 죽음을 두고 그를 못마땅하게 여긴 신하들이 독살한 것이라는 추측이 나돌기도 해요. 정조는 총명한 왕이었기 때문에 학문은 물론이고 문화적으로도 많은 업적을 남겼어요. 그리고 백성을 위한 정치를 펼친 어진 군주였지요.

○ 화성 남문

화성과 수원성의 차이

화성은 수원에 있으니까 수원성이라고 부르는 게 더 맞지 않느냐고요? 물론 수원에 있는 건 맞지만 본래 이름은 화성이랍니다. 화성이라는 이름에는 뜻 깊은 의미가 담겨 있어요. 정조는 중국의 오래된 책인 〈장자〉라는 책에서 화봉삼축이라는 것을 보고, 거기서 화(華)자를 빌려왔어요. 여기서 화(華)는 덕을 길러서 효를 행하게 한다는 의미를 담고 있답니다. 참 좋은 뜻이지요? 그런데 왜 화성의 이름이 수원성으로 바뀐 것일까요? 수원에 있는 성이라는 의미 외에는 아무런 뜻도 없는 이름인데 말이지요. 수원성으로 이름을 바꾼 것은 다름 아닌 일제의 소행이었어요. 이름을 낮춤으로써 우리 문화유산의 가치를 떨어뜨린 것이지요. 창경궁을 창경원으로 바꿔 부른 것과 같은 경우지요.

수원성으로 부르는 것보다는 본래 이름인 화성으로 부르는 것이 옳은 일이겠지요. 하지만 안타깝게도 아직도 수원성으로 부르는 사람이 무척 많아요.

화성을 쌓기 위해 개발한 거중기

화성을 쌓을 때 정약용이 만든 거중기와 녹로가 큰 활약을 했어요. 정약용은 중국 책인 〈기기도설〉을 참고해서 거중기를 만들었어요. 이 기구 덕분에 건설비는 물론이고 힘과 시간도 크게 줄일 수 있었지요.

두 기구는 모두 도르래의 원리를 이용해서 만든 것이에요. 도르래를 이용하면 작은 힘으로 무거운 물건을 들어 올릴 수 있어요. 거중기는 움직도르래, 녹로는 고정도르래지요.

거중기는 위아래로 각각 4개씩 총 8개의 도르래를 이용해서 물건을 들어 올리도록 만들어졌어요. 무거운 물체를 움직도르래에 연결한 뒤에 고정도르래가 이것을 감아 올릴 수 있도록 만들어졌지요.

수원성을 쌓을 때 거중기를 이용하면 좌우에 각각 15명의 남자들이 1만 2천근의 무게를 들어 올릴 수 있었어요. 약 7톤이 넘는 무게니까 한 사람이 240kg을 들어 올린 셈이 되지요.

🔼 화성을 쌓을 때 동원되었던 녹로(왼쪽)와 거중기(오른쪽)

천주교 박해의 비밀

천주교를 믿는 사람들 중에는 나라를 개혁하고 생활에 유용한 학문을 연구하는 사람들이 많았습니다. 그러나 천주교의 이념 중 평등한 사회를 구현하는 일은 당시 계급 사회에 위협적인 일이었습니다.

1800년, 순조 임금이 열한 살의 나이로 임금이 되었을 때입니다. 수렴청정(임금의 나이가 어릴 때, 왕대비나 대왕대비 등 왕실의 어른이 임금을 대신해서 나랏일을 보는 것을 말해요)을 하게 된 정순왕후는 느닷없이 이해할 수 없는 명령을 내렸습니다.

"요사이 천주교가 나라 안에 퍼져 우리의 전통을 어지럽히고 있다. 지금부터 '오가작통법'을 실시하여 천주교 신자들을 감시하라. 만약 사사로이 천주교를 믿는 자가 있다면 붙잡아 엄벌에 처하라."

오가작통법이란, 말 그대로 마을의 가구를 다섯 가구씩 묶어 서로 감시하게 하는 제도입니다. 만약 한 집에 한 명이라도 천주교 신자가 발견되면 다섯 가구 모두가 처벌받았습니다.

영조 임금의 왕비였던 정순왕후는 왜 천주교를 탄압했을까요?

바로 당파 싸움 때문이었습니다.

이 당시에는 '시파'와 '벽파'라는 두 파벌이 있었습니다.

시파 쪽에는 천주교 신자와 실학자들이 많이 있었고, 정조는 이들을 우대하였습니다. 벽파 사람들은 바로 이것이 못마땅했습니다. 정순왕후의 친정 오라버니 김귀주는 벽파의 우두머리였습니다.

김귀주는 정조 임금이 죽자 바로 정순왕후를 앞세워 시파의 세력들을 하나하나 없애려 했습니다. 그러니 대부분이 천주교였던 시파 쪽 사람들 탓에 천주교 신자들은 탄압을 받을 수밖에 없었습니다.

정순왕후가 천주교를 탄압한 데에는 또 다른 이유가 있었습니다.

천주교는 임금과 신하의 관계나 주인과 노비의 관계를 인정하지 않고, 모두 평등한 사람으로 보았습니다. 이것은 유교 질서를 흐트려 놓는 것이었지요.

"천주교를 믿는 자들은 간교하여 조상을 섬기지 않고, 임금과 신하의 예를 갖추지 않으니, 이 어찌 엄벌에 처하지 않을 수 있겠느냐?"

정순왕후는 유교 질서를 지키고, 왕조 체제를 유지하기 위해서는 천주교의 탄압이 필요하다고 생각했던 것입니다.

> ✅ **천주교를 전도한 이승훈**
>
> 정약용의 매부이기도 한 이승훈은 정조 때 진사시 시험에 합격하였으나 벼슬에 뜻이 없어 학문에만 전념하다가 천주교를 접하게 됩니다.
> 북경에서 세례를 받고 조선에 돌아와 전도를 하다가 신유박해 때 의금부에 끌려가 사형됩니다.

정순왕후는 집집마다 뒤져 천주교 신자들을 잡아들이라고 명하고, 그들을 서슴없이 처형했습니다.

바로 이때, 우리나라 사람으로는 최초로 영세를 받은 이승훈은 물론이고, 정약용과 그의 형 정약전, 이가환과 같은 실학자들이 붙들려 갔습니다.

"천주교는 사악한 종교가 아닙니다. 천주님의 뜻에 따라 백성을 평안하게 하기 위한 종교입니다."

이승훈이 간곡하게 호소했지만 소용 없었습니다.

"시끄럽다. 천주교는 양반과 평민을 구별하지 않고 평등하다고 외치지 않느냐? 그것이야말로 나라의 법도를 어기는 일이다. 또 돌아가신 조상에게 제사를 올리지 않으니 전통을 무시하고 질서를 어지럽히는 행위가 아니고 무엇이란 말이냐!"

이승훈과 이가환은 끝내 죽임을 당하였습니다. 정약용, 정약전 형제는 다시는 천주교를 믿지 않겠다는 약속을 하고 귀양을 갔습니다.

그런데 이 무렵, 누구보다 이 사건을 안타깝게 여긴 사람이 있었습니다. 중국인 신부 주문모였습니다.

○ 천주교 배론 성지

'아아, 모두 내 책임이로다. 나로 인해 많은 사람이 억울하게 목숨을 잃고 있구나.'

주문모 신부는 이전부터 조선 땅 곳곳을 돌아다니며 많은 사람들에게 천주교를 전파했습니다. 또한 신부가 직접 세례를 내린 신도들도 한둘이 아니었습니다.

심지어 정조 임금의 이복동생인 은언군의 부인 송씨와 며느리에게도 그가 직접 세례를 내려 주었습니다.

마침내 주문모 신부는 큰 결심을 하기에 이르렀습니다.

'어찌 보면, 이 모든 것이 내 책임 아니겠는가? 그래, 내가 죽는 한이 있더라도 신도들을 구하자.'

주문모 신부는 의금부로 먼저 찾아갔습니다.

✓ **정약전**

정약용의 둘째 형인 정약전은 정조 때 벼슬에 올랐지만, 천주교에 뜻을 두어 벼슬에 물러나 선교 활동에 전념합니다. 신유박해 때 흑산도로 유배되었으며 〈자산어보〉, 〈송정사의〉 등의 저서를 남겼습니다. 〈자산어보〉는 우리나라 수산 생물들에 대한 귀중한 정보들을 담은 자료로 현재까지 전해지고 있습니다.

↑ 박해 받는 천주교 신자 모형
(절두산 순교지)

✓ **주문모**

북경에서 주교의 명을 받고 조선에 들어온 첫 번째 신부입니다. 신유박해 때 순교하기 전까지 6년 동안 천주교를 널리 알리면서 정약용, 정약종 형제와 왕실 여인 등에게 세례를 해 주었습니다.

"붙잡힌 천주교 신도들을 놓아 주시오. 내가 바로 이들에게 세례를 주었소."

그러나 일은 주문모 신부의 뜻대로 되지 않았습니다.

관헌들은 천주교 신자들을 놓아 주기는커녕 또 다른 천주교 신도들을 잡아내기 위해 주문모 신부를 고문했습니다.

"또 누구에게 세례를 주었느냐? 그 이름을 대라! 어서!"

그러나 주문모 신부는 입을 다물었습니다. 자신으로 인해 더 많은 사람들이 다칠 것이 두려웠기 때문입니다.

그러자 관헌들은 주문모 신부를 더욱 심하게 고문하기 시작했습니다. 시뻘겋게 달군 인두로 허벅지와 가슴을 지져 댔습니다. 살이 타 들어가며 노린내가 났습니다. 물에 적신 몽둥이로 가슴과 배를 마구 때리기도 했습니다. 손톱 사이에 대나무 가시를 쑤셔 넣기도 했으며, 손톱을 뽑기도 했습니다.

고통을 더 이상 참아 낼 수 없었던 주문모 신부의 입에서 몇 마디가 터져 나왔습니다.

"은언군의 부인에게 영세를……."

그 말 한 마디로 은언군의 부인은 끌려 나와 사약을 받아야 했습니다. 정순왕후는 은언군이 왕족이었음에도 용서하지 않았던 것입니다.

주문모 신부도 무사하지는 못했습니다. 주문모 신부는 사형에 처해졌고, 더 많은 천주교 신도들이 붙들려 왔습니다. 그 가운데 백여 명이 목숨을 잃었으며, 4백여 명이 유배되었습니다. 이 사건을 '신유박해'라 합니다.

  동학

천주교가 급속도로 퍼지자, 최제우는 민족의 주체성를 세울 수 있는 새로운 도가 필요하다고 여기고 '동학'을 만듭니다. 유교, 불교, 도교를 모두 흡수하고, 퇴폐한 양반 사회의 질서를 부정하며 만민 평등 사상을 내세웠지요. 동학은 민중들에게 크게 환영을 받아 급속도로 퍼집니다. 1894년 동학 농민 운동 이후 정부의 탄압을 받으면서 천도교로 이름을 바꿉니다.

천주교 박해의 비밀

최초의 한국인 신부는 누구인가요?

우리나라 최초의 신부는 김대건이에요. 그는 1822년 당진에서 태어났어요. 그의 가족들 역시 독실한 천주교 집안이었지요. 그의 증조 할아버지 김진후는 10년 동안 옥살이를 한 끝에 일흔여섯의 나이로 순교한 것으로 유명해요. 아버지 김제준도 기해박해 때 서소문 밖에서 순교했지요. 기해박해는 헌종 때 일어난 천주교 박해 사건이에요. 약 70여 명의 교인들이 처형되었지요.

김대건은 1836년에 신학생으로 뽑혀 마카오의 신학교에서 신학을 공부했어요. 우리나라 처음으로 프랑스어와 라틴어를 배운 사람이기도 해요.

그는 만주에 있을 때 아버지의 순교 소식과 수많은 천주교 신도들의 처형 소식을 들으면서 천주교를 더욱 널리 알려야겠다는 의지를 굳히고, 1845년 1월에 귀국했다고 해요. 십 년만에 조국에 돌아온 김대건은 천주 교회를 세우는 데 온 힘을 쏟았어요. 그러던 중, 조선으로 선교사를 데리고 오기 위해 상하이로 떠난 그는 그곳에서 신품성사(사제로서의 신권을 부여하는 성사)를 받고 우리나라 최초의 신부가 되었어요. 그리고 10월에 프랑스 주교인 페레올, 다블뤼와 함께 다시 조선으로 돌아왔지요. 조선에 돌아온 김대건은 활발하게 선교 활동을 벌였어요. 천주교를 사람들에게 전파하기 위해 애썼지

○ 김대건(안드레아) 신부의 초상

○ 김대건 신부의 묘가 있는 미리내 성지 입구 조형물

요. 그렇지만 그는 조선에 들어온 지 일 년도 채 되지 않아서 붙잡혔어요. 그는 심문을 받았고 법을 어겼다는 죄로 9월 15일에 새남터에서 목이 잘렸지요. 그때 나이가 스물여섯 살이었어요. 새남터는 지금의 신용산 철교와 인도교 사이에 있어요. 이곳은 아주 오래 전, 세조가 사육신의 한 사람인 성삼문을 처형한 곳이기도 해요.

김대건은 천주교 신자들에게 마지막으로 이런 글을 남겼어요.

"내가 외국인들과 어울린 것은 천주교를 위해서였습니다. 영원한 생명이 곧 시작되려 합니다. 여러분, 죽은 뒤에 행복을 원한다면 천주교를 믿으십시오."

김대건은 1984년 4월, 교황 요한 바오로 2세에 의해 성인으로 선포되었어요.

천진암은 무엇을 하던 곳이었나요?

천진암은 천주교에 관심 있던 학자들이 모여서 교리를 연구하던 곳이에요. 지금의 경기도 광주시 퇴촌면 지역이며 그곳에 가면 천진암을 볼 수 있지요. 당시 조선 왕실에서는 천주교에 대한 탄압이 극심했어요. 정조 때부터 시작된 천주교에 대한 억압은 순조 때에 이르러서는 극에

◯ 이승훈, 정약전 등의 묘가 있는 천진암

◎ 해미 읍성. 천주교도들이 종교를 버리지 않았다는 죄로 희생당했던 곳이다. (사적 제116호, 충남 서산군 해미면 소재)

달했고요. 천주교도들은 이런 탄압에 맞서서 조심스럽게 자신들의 교리를 펼쳐 나갔어요.

이 가운데는 이승훈과 정약용의 형인 정약전도 있지요. 그들은 신유박해 때 처형 당하거나 귀양을 갔지요. 신유박해는 순조 때 천주교도들을 박해한 사건으로 무려 100명이 처형당하고 300여 명이 유배를 당했지요. 천진암은 한국 천주교의 성지로 여겨지고 있어요.

조선 왕실이 천주교를 탄압한 이유는 무엇일까요? 그들은 단순히 외국 종교라는 이유로 탄압을 가한 것은 아니었어요. 조선은 유교적 전통이 지배하는 사회였는데, 천주교는 이런 전통을 깨고 신분 사이의 차별이 없는 평등한 사회를 주장했어요. 또 유학보다는 실용성 있는 학문을 해야 한다고 주장하기

◎ 남종삼 흉상. 흥선 대원군의 천주교 박해로 인해 처형당한 남종삼은 신앙의 자유를 얻어 천주교로 나라의 살 길을 열고자 했던 인물이다. (절두산 성지 내)

도 했어요. 천주교도들의 이런 생각에 동조하는 사람들이 점차 늘어나면서 왕실은 위협을 느꼈어요. 자신들의 권력이 흔들리는 것을 염려한 것이지요.

머리가 잘린 산, 절두산

절두산은 말 그대로 머리가 잘려 나간 산을 말해요. 사람의 머리가 잘려 나갔다는 뜻이지요. 정말 오싹한 이름이지요? 원래 이곳의 지명은 용두봉이었어요. 용 머리를 닮아서 붙여진 이름이지요. 또 잠두봉이라 불리기도 했어요. 우뚝 솟은 봉우리 모양이 누에가 머리를 든 모습과 닮았다고 해서 붙여진 것이지요.

그런데 왜 지금은 절두산이라는 이름으로 불리게 된 것일까요? 흥선 대원군이 병인양요 이후에 이곳에서 천주교도들을 처형했기 때문이에요. 목이 잘려 나간 천주교도들이 무려 만 명이 넘었다고 하니 정말 엄청난 사건이었겠지요? 흥선 대원군이 여기서 처형을 한 이유는 병인양요 때 프랑스군이 쳐들어온 곳이 바로 이곳(지금의 서울 양화진 근처)이었기 때문이지요. 현재 절두산에는 기념관이 세워져 있어서 당시의 유물과 유적을 보관하고 있어요.

○ 절두산 순교 박물관